Dieter F. Ahrens

Visionäres
Denken

Ebenfalls in der Reihe der mvg-Paperbacks von
Dieter F. Ahrens erschienen:

*Gewinnen Sie Zeit - Planen Sie
Ihre Wünsche*
*Wie Sie sich Ziele setzen und Ihr Leben
planen*
(ISBN 3-478-03960-6)

Dieter F. Ahrens

Visionäres Denken

Wie Sie Ihr Unterbewußtsein gezielt zur Problemlösung einsetzen

CIP-Titelaufnahme der Deutschen Bibliothek

Ahrens, Dieter F.:
Visionäres Denken : Wie Sie Ihr Unterbewußtsein gezielt zur Problemlösung einsetzen / Dieter F. Ahrens. – 2. Aufl. – München : mvg-Verl., 1990
  (mvg-Paperbacks ; Bd. 422)
    ISBN 3-478-08422-9
NE: GT

2. Auflage

© mvg – Moderne Verlagsgesellschaft mbH, München

Umschlaggestaltung: Gruber & König, Augsburg
Druck- und Bindearbeiten: Presse-Druck Augsburg
Printed in Germany 080 422/590602
ISBN 3-478-08422-9

Inhalt

2. Kapitel
**Die Methode des visionären Denkens verstehen und
Vertrauen dazu entwickeln** 57

Vorwort

Wir leben in einer kurzlebigen Zeit, in der der »Arbeitsfaktor Mensch« vor allem im Bereich qualitativer Höchstleistungen immer noch höher angesetzt wird. Wir streben größtmögliche Wirtschaftlichkeit und den Abbau unrationeller Arbeitsweisen, von Fehldispositionen und Leerlauf an.

Wir werden angehalten, uns selbst zu »rationalisieren«, wobei diese Bezeichnung die ihr zugrunde liegende Beschränkung auf den Verstand, die »Ratio«, bereits in sich trägt.

Andere wiederum, die weiter sehen, empfehlen den Weg, sich selbst zu »irrationalisieren«, um durch mentale Techniken das Unterbewußtsein stärker zu nutzen und damit Reaktionsvermögen und Leistungsfähigkeit zu verdoppeln.

Das Problem liegt aber viel tiefer: Verstand und Vernunft, Bewußtsein und Unterbewußtsein bilden nur einen Teil des Menschen, der durchaus zu seinen »persönlichen« Kräften gehört, aber nicht annähernd den Kern seiner wahren Natur berührt, dessen Kräfte und Fähigkeiten noch weithin brachliegen. Bisher werden von den meisten Menschen nur die Verstandeskräfte genutzt, von einigen wenigen auch die Vernunftkräfte des Unterbewußtseins. Kaum bekannt sind dagegen die »Schöpferkräfte« unserer wahren Natur, die geistig-seelische Verursachungskraft unserer Gedanken.

Was in den verschiedenen Methoden und Techniken über die Entfaltung der im Menschen vorhandenen Kräfte gesagt wird, ist nur ein Anfang und gehört großenteils den ersten beiden Stufen, der »körperlichen« und »geistigen« Ebene, an. Positive Anleitungen für die wirksamere »Verursachungsebene« der Lebenskunst und Lebensweisheit gab es bisher kaum.

Dieser Weg soll hier vermittelt werden. Visionäres Denken unterscheidet sich grundlegend von den ersten zwei Bewußtseinsstufen. Es beginnt dort, wo der Mensch lernt, aus den seelisch-geistigen Kräften zu leben, aus der Ganzheit seines Wesens, in Harmonie mit der Natur.

»Visionäres Denken« erschließt positive Möglichkeiten, sich über sich selbst, seinen Standort, seine persönlichen schöpferischen Kräfte hinaus zu entwickeln, sich naturgemäßen Verursachungskräften bewußt zu werden, die in jedem Menschen, aber nicht in Verstand und Vernunft, verborgen sind. Dadurch gelangt der Mensch zu neuen Lösungen, lernt eine ungeahnte Quelle der Intuition und Fantasie kennen und begreift sich selbst mehr als Teil der gesamten Schöpfung.

Wer sich von diesen Zielen angesprochen fühlt, mag daraus erkennen, daß er für den Aufstieg bestimmt, befähigt und reif ist, seinen eigenen Weg zu gehen. Nicht morgen, sondern *jetzt!*

Beginnen Sie das große Abenteuer Ihrer Selbstverwirklichung. Sie werden Ihr wahres Sein erkennen und dadurch mit einer schöpferischen Quelle in Berührung kommen, die Sie immer höher führt und Sie an ihrer Kraft teilhaben läßt.

Dieser Weg ist nicht neu. Viele große Persönlichkeiten sind ihn gegangen. Alle bedeutenden und schöpferischen Höchstleistungen sind so entstanden. Diese Menschen hatten den Mut, sich dieser Quelle zu nähern, ihr zu vertrauen, um zu außergewöhnlichen Leistungen zu finden.

Sie befinden sich in der erlesenen Gesellschaft von berühmten und bedeutenden Persönlichkeiten und werden erkennen, daß auch Sie »nur« diesen Weg zu gehen brauchen, um zu einem glücklichen und erfolgreichen Leben zu finden.

Nehmen Sie meine Aufforderung an, diesen Weg zu gehen; er wird Ihr Leben ebenso verändern, wie er mein Leben veränderte.

Ihr
Dieter F. Ahrens

1. Kapitel

Denkblockaden erkennen und die Notwendigkeit einer Änderung unserer Denkgewohnheiten begreifen

Müssen wir lernen, anders zu denken?

Wir leben in einer Wendezeit. Die Probleme, die wir uns selbst geschaffen haben, sind nicht mehr zu übersehen. Nur wer seine Augen davor verschließt, sieht sie nicht. Dieses Buch ist für die Sehenden geschrieben, die sich dafür einsetzen, daß Frieden und Harmonie Wirklichkeit werden; daß wir unsere Probleme in den Griff bekommen und zu mehr Menschlichkeit finden. Es ist möglich!

Bevor wir diesen Schritt praktisch vollziehen können, stellen sich einige Fragen. Die von uns angestrebte Wende hängt davon ab, ob wir unser Denken ändern. Nur was vorher durchdacht ist, wird durch Handlungen realisiert. Unser Leben ist die ständige Verwirklichung unserer Gedanken. Nutzen wir es optimal und verwirklichen wir die Ideen und Notwendigkeiten, die uns und unserem Nächsten mehr Freiheit, Harmonie und Erfolg bringen.

Behalten wir unser gewohntes Denken bei, so bringen wir uns langsam, aber sicher an den Punkt, wo unsere Substanz, aus der wir zu schöpfen gewohnt sind, aufgezehrt ist: Wir beuten nicht nur die Natur aus, sondern auch uns selbst!

Damit müssen wir aufhören. Unsere Lebensumstände haben sich geändert; sie markieren ein neues Zeitalter, fordern unser spirituelles Wachstum. Es hat bereits begonnen, unmerklich, aber sich ständig ausbreitend. Haben Sie schon etwas davon bemerkt? Einige deutliche Anzeichen möchte ich hier darlegen:

1. Gesteigertes Umweltbewußtsein;

2. Unser großes Bedürfnis zu wissen, woher wir kommen und wohin wir gehen;

3. Die Veränderungen in der modernen Physik und anderen Wissenschaften;

4. Das größere Freiheitsbedürfnis der Menschen; es zeigt sich durch kritische Einstellungen und Opposition gegenüber alten, verhärteten Auffassungen;

5. Die Abrüstungsbemühungen und die Suche nach mehr Verständnis füreinander;

6. Der Trend zu immer größeren Einheiten — mehrerer Nationen, Unternehmen, Gruppen, Familien.

Die Welt ist auf dem Weg, sich mehr und mehr zu vernetzen. Und trotzdem, es geht viel zu langsam, zu beschwerlich und nur unter größtem Energieaufwand. Wir kämpfen um unsere Freiheit, setzen unseren Willen dafür ein und erleben zu oft, daß wir auf der Stelle treten und kaum vorankommen. Woran mag das liegen?

Individualität — eine Schreckensvision?

Ja, denn was wir in unserer Welt erleben, ist das sichtbare Ergebnis unseres falsch gepolten Strebens nach Individualität. Jeder denkt zunächst an sich. Jeder einzelne und jede Gruppe unterschiedlichster Formierung identifiziert sich mit dieser Vorstellung von Individualität, die alleiniger Hintergrund aller Gedanken, Ideen und Handlungen ist.

Solange wir uns individuell betrachten, ob als Einzelwesen, Nation, Gesellschaft, Unternehmen oder andere Gruppe, und alles andere außerhalb von uns als Konkurrenz, als selbständigen Teil sehen, entwickeln wir immer nur kurzfristige Vorteile, die wir ständig verteidigen müssen. Wir kämpfen für einzelne Siege und kämpfen weiter, um sie uns zu erhalten. Unser Leben ist Kampf, nicht Harmonie! Harmonie entsteht aus Liebe, und Liebe fehlt in unserem Verhalten, in unserem Denken!

Unser Denken beruht auf der Vision der Selbstbehauptung und Abgrenzung gegenüber anderen. Dadurch versuchen wir, uns selbst nützlich zu sein, und benutzen alles andere Existente dazu, unseren Vorteil zu erlangen. Wüßten wir aus tiefster Erfahrung, daß auch wir Teil dessen sind, was wir zu unserem kurzfristigen Vorteil ausbeuten, so würden wir erkennen, daß wir unsere eigenen Ressourcen verbrauchen. Selbst aus der Geschichte, die vom Untergang großer Kulturen berichtet, haben wir nicht gelernt. Schlimmste, selbstverschuldete Katastrophen haben uns nicht zu einem anderen Denken geführt.

Unser Denken, Fühlen und Handeln orientiert sich ausschließlich an der äußerlich erfaßbaren Realität: wir bewerten, messen, grenzen ab, suchen egoistisch nach unserem Vorteil, verteidigen das Erreichte und beschränken uns darauf, auf alle mit unseren Sinnen erfaßbaren Ereignisse zu reagieren. Wir sind gefangen in unserer eigenen Wahlfreiheit, in unseren Gedanken. Unsere Wissensfähigkeit, unseren Intellekt, der uns über alle Lebewesen erhebt, setzen wir dazu ein, das Leben zu meistern, anstatt es zu begreifen. Und auch die Tatsache, daß alle wirklich bedeutenden Menschen der Weltgeschichte immer wieder darauf hinwiesen, daß die wahre Erkenntnis nur in unserem Inneren zu finden ist, hat daran nichts geändert. Wir haben uns noch immer nicht von der (Schreckens-)Vision unseres ego-orientierten Wissensdranges befreien können.

Die gesamte Evolution beruht auf unserem Wissensdrang und der damit verbundenen Sicht- und Denkweise. Alle Evolutionsforscher richten sich nach den sichtbaren äußeren Realitäten und leiten daraus wissentlich ihre Erkenntnisse ab, suchen und finden Beweise, verteidigen diese, solange es geht, bis sich andere Sichtweisen durchsetzen.

Warum sich aus Einzellern Mehrzeller entwickelten, wird anhand äußerer Realitäten begründet und wissenschaftlich erklärt. Für eine gewisse Zeit mag eine solche Erklärung glaubhaft und hilfreich sein. Aber es entstehen ständig neue oder ergänzende Theorien, und unser Wissensbild ist noch immer nicht vollständig.

Das wahre Evolutionsgesetz kennen wir schon seit Urzeiten. Doch begriffen hat es nur eine Minderheit, die begreifen wollte. Dieses ewig existente und gültige Evolutionsgesetz läßt sich nicht an äußeren Realitäten beweisen und in künstlichen Versuchsreihen erforschen.

Es ist über jeden Zweifel erhaben, nicht diskutierbar und kann nicht »wissend« begriffen, sondern nur als »Weisheit« erfahren werden. Das völlige Vertrauen in dieses Evolutionsgesetz und in die Gewißheit seiner Richtigkeit ist ausschließlich als innere Realität erlebbar.

Die uns bekannten Naturgesetze bleiben nicht ewig gültig, mag es heute auch so erscheinen. Alles Wissen, das auf Erkenntnissen aus der Beobachtung und Beurteilung der äußeren Realitäten beruht, verkörpert eine zeitlich begrenzte Wahrheit und entspricht dem Bewußtseinsstand der jeweiligen Zeitepoche. Ändert sich der Bewußtseinsstand, ändern sich auch die bis dahin bekannten Wahrheiten des Lebens, denn das Bewußtsein ist als das »ewig gültige« Evolutionsgesetz, als die Lebensquelle überhaupt anzusehen.

War vor langer Zeit das entwickelte Bewußtsein nur in der Lage, Einzeller zur sichtbaren Realität werden zu lassen, so befähigt es uns heute sogar dazu, die sichtbare Realität gänzlich zu vernichten. Aber wir haben die Kraft und die Fähigkeit, unsere Schreckensvision durch eine neue Vision zu ersetzen — das individuelle »Was ich will, muß geschehen« durch das ganzheitliche »Dein Wille geschehe«.

Die neue Zeit beginnt in unserem Denken

Zunehmend erkennt und entdeckt die Wissenschaft die unmittelbaren universalen Zusammenhänge. In allen Bereichen wird mehr und mehr eine ganzheitliche Betrachtungsweise angestrebt. Jahrhundertelang hat man alles unabhängig voneinander registriert: einzelne Sonnensysteme, einzelne Planeten, einzelne Milchstraßen, einzelne Organismen und einzelne Objekte. Wir hatten unsere Betrachtungen auf eine ganz bestimmte Perspektive eingestellt und nahmen nur Teile der gesamten Vision wahr. Unsere begrenzten Wahrnehmungsmöglichkeiten beruhten allein darauf, daß wir diese Perspektive nicht erweitern wollten oder eine solche Änderung für nicht möglich hielten.

Es gab eine Zeit, da konnte sich kein Mensch vorstellen, ins Atominnere vorzudringen. Schließlich versuchten wir es und entdeckten dort ungeheure Räume und Energien. Unser Verständnis der makroskopischen Welt erweiterte sich. Das Ergebnis war die Kenntnis eines größeren Teils der allumfassenden Schöpfungsvision.

Was wir entdecken, liegt nur an uns. Halten wir unsere selbstgewählten Grenzen aufrecht, wie wir es bisher getan haben, ohne uns dessen bewußt zu sein, werden wir nur langsam erwachen. Wenn die uns bekannte Realität völlig von der eingenommenen Perspektive abzuhängen scheint, so brauchen wir doch nur unsere Perspektive zu erweitern, um ein fantastisches neues Wissen vom Leben zu erlangen. Solange wir nicht bereit sind, uns für das Gesamtbild der Schöpfung zu öffnen, bleiben wir innerhalb unserer Grenzen gefangen.

Der Gedanke, die ganze Vision zu entdecken, mag auf den ersten Blick recht abstrakt und unmöglich erscheinen. Tatsächlich ist es jedoch ein inneres menschliches Bedürfnis, die einengenden Beschränkungen aufzulösen und frei zu werden. Die

Bemühungen der Wissenschaften und Religionen gingen von Anfang an, wenn auch voneinander unabhängig, in diese Richtung. Jede Disziplin hatte ihre eigene Vorstellung davon, wie wir mehr Kenntnis der allumfassenden Schöpfung erreichen könnten.

Die Zeiten haben sich grundlegend geändert. Immer deutlicher erkennen wir, daß die erfahrbare Realität genau der Vision entspricht, die wir in unserem Geist zulassen. Erweitern wir aber unsere geistige Vision, so vergrößern wir unseren Erfahrungsraum in der äußeren Welt. Wir müssen uns verstärkt dem Ganzheitlichen widmen, um mehr vom Ganzen zu verstehen. Die moderne Physik hat enthüllt, daß wir nicht so abgesondert vom Ganzen sind, wie wir annehmen. Fritjof Capra, Physiker und Autor des erfolgreichen Buches *Das Tao der Physik,* stellt fest: »Die grundlegende Einheit des Universums ist nicht nur die zentrale Eigenschaft mystischer Erfahrung, sie ist auch eine der wichtigsten Enthüllungen der modernen Physik.«

Die schöpferischen Intuitionen und Visionen entspringen der »grundlegenden Einheit des Universums«. Was Weise, Propheten und Mystiker früherer Zeiten ahnten, findet heute Bestätigung von wissenschaftlicher Seite: Alles Sein bildet eine Ganzheit. Unser Weg dorthin führt über unser Inneres. Erst wenn wir uns nach innen wenden, in uns selbst eintauchen, können wir unsere Wahrnehmungsperspektive erweitern; und in die innere Tiefe eintauchen bedeutet, sich dem wahren Sein, dem wahren Wesen, der allumfassenden Vision zu nähern.

Die Fragwürdigkeit unserer Objektivität

Vor dreihundert Jahren glaubten die Wissenschaftler zu wissen, was »Gewicht« sei, daß es einen absoluten Wert habe. Doch der Physiker Isaac Newton bewies, daß das Gewicht eines Gegenstandes von der Gravitation abhängt. Heute weiß man, daß ein Astronaut auf dem Mond trotz schwerer Ausrüstung weniger wiegt als auf der Erde. Die Schwerelosigkeit ist jedermann ein Begriff.

Ebenso sah die Wissenschaft einen festen Bezugspunkt in der Masse, aber Albert Einstein zeigte, daß Masse veränderlich ist. Je schneller sich etwas bewegt, desto mehr nimmt seine Masse zu. Nun fragte sich die Wissenschaft, ob nicht die Zeit als verläßliche Meßgrundlage dienen könnte. Die Antwort darauf gab wiederum Einstein: Die Zeit wird ebenfalls von der Gravitation beeinflußt. In einem Experiment schickte man vier der exaktesten Atomuhren in einem Flugzeug um die Erde. Am Ende der Reise stellte man fest, daß sie gegenüber ihren stationären Gegenstücken, mit denen sie vor dem Flug synchronisiert worden waren, ein wenig nachgingen.

Wir sehen zwei Ereignisse und sagen, das eine habe vor dem anderen stattgefunden; wir können sogar den Zeitunterschied zwischen beiden mit unseren Uhren messen, aber vielleicht hat sich alles ganz anders zugetragen. Wenn die beiden Ereignisse in großer Entfernung von uns und voneinander stattfinden, trifft die Information von dem einen und dem anderen zu verschiedenen Zeitpunkten bei uns ein. Von einem bestimmten Beobachtungspunkt aus betrachtet, geschehen vielleicht beide Ereignisse gleichzeitig. Von einem anderen Punkt aus gesehen erleben wir sie möglicherweise in umgekehrter Reihenfolge. Die Relativitätstheorie basiert darauf, daß Raum und Zeit unlösbar ineinander verflochten sind.

Zu einem bestimmten Zeitpunkt findet etwas objektiv statt, aber im Verlauf der Zeit und abhängig vom jeweiligen Beobachtungspunkt deuten wir subjektiv unsere Wahrnehmung und halten sie für objektiv. Ich bin sicher, daß viele der uns unerklärlichen Phänomene nur durch subjektive Fehldeutungen zustande kommen, die ihre Ursache in der uns unverständlichen Vision von Raum und Zeit als Raum-Zeit-Kontinuum haben.

Der Hinduismus lehrt seit jeher die Vision einer ewig fließenden Gegenwart — des ewigen *Jetzt*.

Die moderne Physik ist im Begriff, dieses Bild zu übernehmen. Wenn aber etwas nur in einem Augenblick, in einem ganz bestimmten Jetzt, »objektiv« so ist, wie wir es erleben, in einem anderen Jetzt aber »objektiv« wieder ganz anders, überbewerten wir dann nicht unsere Objektivität zu unserem Nachteil?

Und wie sieht es mit unserem Umgang mit der Subjektivität aus? Rümpfen wir nicht oft die Nase, wenn wir uns mit subjektiven Erfahrungen beschäftigen? Sind sie uns nicht häufig sogar suspekt? So suspekt, daß wir das Wort Subjekt als Schimpfwort für etwas benutzen, was gegen unsere vermeintlich objektive Auffassung spricht?

Wenn Sie sich intensiv mit den Gedanken über unsere Objektivität auseinandersetzen, dann werden Sie auch den Mut entwickeln, sich aus den eigenen Begrenzungen zu lösen, sich dem Unvorstellbaren, den unsichtbaren Phänomenen unseres Seins zu nähern. Gott und die Kraft, die durch ihn symbolisiert wird, wirkt objektiv, ist aber nur subjektiv zu erfahren und zu verstehen.

Haben wir uns nicht selbst für den Gebrauch unserer Wissensfähigkeit entschieden und damit unseren bewußten Ausstieg aus der Gesamtvision der Schöpfung selbst herbeigeführt? Wir haben diesen Weg gewählt, und er wurde uns gewährt. Jetzt gehen wir ihn und erkennen durch unser Leben und die Erfahrungen, die wir sammeln, daß alles ein großes Ganzes ist; daß wir ein Teil von allem sind und alles andere ein Teil von uns; daß wir objektiv nur erfahren, worauf wir unsere Wahrnehmung konzentrieren; daß wir das entdecken, finden oder schöpfen, was unserer Individualität entspricht. Alles ist wie ein großes Meer zu sehen, in dem wir enthalten sind. Grenzen sind nicht erkennbar, dennoch wirken die Einflüsse von Raum und Zeit in diesem Meer auf für uns unverständliche Weise.

Wenn wir wirklich mehr über uns selbst und damit über die gesamte Schöpfungsvision erfahren wollen, müssen wir unseren Drang zur Wissensfähigkeit überdenken und uns nach innen wenden. Dann werden wir erkennen, daß wir nicht vom Schöpfer und seiner umfassenden Schöpfungsvision getrennt sind.

Der Weg zurück zu unserem Schöpfer ist auch ein Weg zurück zu uns selbst − zu unserem wahren Wesen. Das lehrt uns die Religion seit Anbeginn. Religion bedeutet Glaube, Bindung an eine übersinnliche Macht − eine »Rückverbindung« zu unserem Ursprung im weitesten Sinne. Aber solange wir unsere eigene Wissensfähigkeit überbewerten und nur glauben können, was uns unsere fünf Sinne »objektiv« vermitteln, werden wir unsere Grenzen nicht erweitern können. Wir werden zwar mehr und mehr erkennen, aber nur langsam erwachen. Unsere Reise − das Leben, wie wir es bisher kennen − vermittelt uns auf diese Weise noch nicht, was wir uns davon versprachen.

Die Natürlichkeit des Unnatürlichen

Vieles erscheint uns unnatürlich und unverständlich. Auf viele Fragen wüßten wir gerne eine Antwort. Aber keiner kann uns die folgenden Fragen beantworten:

Woher kommen wir?

Wohin gehen wir?

Gibt es Gott?

Wenn es Gott gibt, warum läßt er dann zu, daß es Elend, Hunger und anderes Leid auf unserem Planeten gibt? Warum ist ein Mensch gesund, ein anderer krank, einer reich und der andere arm? Warum stirbt unser Wald? Warum gibt es AIDS?

Fragen über Fragen. Die Antwort darauf gibt es nicht, dieses Buch aber zeigt Wege, damit Sie mit solchen Fragen besser zurechtkommen. Alles ist in Ihnen selbst verborgen. Sie finden auf jede Frage eine Antwort. Aber nur, wenn Sie sich selbst die Frage stellen und eine Antwort aus Ihrem Inneren erhalten, werden Sie diese akzeptieren. Würde ich oder ein anderer Mensch Ihnen die Fragen beantworten, würden Sie nicht glauben, was man Ihnen sagt. Wahrheiten können Sie nur selbst erfahren. Darin liegt die Natürlichkeit des Unnatürlichen verborgen. Was für Sie ganz persönlich erfüllend ist, muß für einen anderen Menschen nicht gelten. Jeder von uns hat einen anderen Standort. Unser Bewußtseinsstand ist unterschiedlich, und er bestimmt unsere Sichtweise. Denken Sie daran, daß Objektivität relativ ist, je nachdem, von welchem Punkt aus wir sie betrachten. Darum kann für Sie etwas richtig sein, was für einen anderen falsch ist und umgekehrt.

Den Weg, den ich Ihnen hier zeige, kann jeder Mensch gehen. Wer aus tiefstem Herzen visionäres Denken praktiziert, wird zu sich selbst und damit zur ganzheitlichen Schöpfungsvision (zurück-)finden. Mit dieser Vision finden Sie auf jede Frage eine Antwort, denn sie ist ein Teil davon. Sie werden sich selbst und Ihre Umwelt besser verstehen. Sie finden Zugang zu einer Quelle der Intuition, die Ihnen keine Antwort schuldig bleibt, die Ihnen hilft, Ihre Probleme und die Probleme anderer Menschen zu lösen.

Es wird dann auch natürlich für Sie sein, daß Sie die Umwelt ganz anders als bisher wahrnehmen. Sie werden über Ihre fünf Sinne hinaus zu völlig neuartigen Erfahrungen befähigt, denn Sie lernen, Ihre inneren Sinne zu gebrauchen, über die jeder Mensch verfügt. Nur weiß nicht jeder, daß es innere Sinne gibt, und daß man diese ebenso benutzen kann wie die fünf »normalen« Sinne.

Wir haben zwar davon gehört, daß es Menschen geben soll, die unvorstellbare Dinge beherrschen wie Hellsehen, Telepathie, Gedankenlesen und vieles mehr, Ihnen aber gelingt dies nicht. Doch es ist unwichtig, ob wir das alles können. Wichtig ist, daß wir nicht behaupten, es sei unmöglich, nur weil wir es nicht können. Wir beherrschen das, was unserem Entwicklungsstand entspricht und was für uns nützlich und dienlich ist, um den Fortschritt unserer Entwicklung zu sichern. Ich vermisse nicht, daß ich Materie nicht beeinflussen kann. Aber es ist vorstellbar, daß ich es könnte, wäre es für meine weitere Entwicklung wichtig und ich geistig reif genug. Das Wissen, wie der Mensch Materie geistig beeinflussen kann, existiert. Von Bedeutung ist nur, ob mir dieser Teil der Gesamtvision zugänglich ist, ob ich es mir wünsche, so daß nichts Übergeordnetes dagegen spricht.

Das grundlegende Prinzip werden Sie erkennen, wenn es später darum geht, wie Sie Ihr Leben bereichern, indem Sie das erlangen, was Sie sich wünschen und was Sie glücklicher macht. Alles, was Sie wirklich aus Ihrem wahren Wesen heraus – nicht aus dem Verstand, dem Ego – wollen, können Sie erreichen.

Wer bin ich wirklich?

Wir wissen über so vieles Bescheid. Wir kennen den Lauf der Geschichte, den Weg der Völker und Kulturen. Wir wissen, wie ein Auto konstruiert ist, und erfinden immer schnellere Fortbewegungsmittel. Wir rationalisieren, bauen Maschinen, die uns entlasten, und haben trotzdem immer weniger Zeit.

Alles, was uns äußerlich umgibt, ist uns wohlbekannt, aber über unser eigenes Wesen wissen wir fast nichts. Wir sind uns selbst fremd. Unseren Besitz überschauen wir mit einer gewissen Selbstverständlichkeit; von unserem inneren Reichtum wissen wir wenig. Das Rätsel »Wer bin ich?« scheint uns unlösbar. Das braucht nicht länger so zu bleiben, denn ein Mensch, der sich seiner selbst bewußt wird und über seinen Standort, sein Ziel und seinen Weg Gewißheit erlangt, erwacht zu einem neuen Leben ohne innere Begrenzungen.

Dorthin finden wir niemals über die allseits gelebte Oberflächlichkeit. Wir müssen uns unserem inneren Sein zuwenden und uns um Selbsterkenntnis bemühen, denn ohne Selbsterkenntnis gibt es keine Selbstverwirklichung und keine Freiheit.

Wer erkennt, daß alle Kraft von innen kommt, weiß, daß die größte Entdeckung seines Lebens sein eigenes Ich und sein größter Erfolg die Erlangung der inneren Einheit ist.

Die meisten Menschen leben gegen ihr eigenes Selbst, das ihnen verborgen und rätselhaft bleibt. Auf diese Weise zerstören sie ihr Leben. Damit dies nicht geschieht, sollte sich jeder auf seinen inneren Reichtum, sein wahres Sein, besinnen und so die ihm eigene Kraft entdecken, die ihm hilft, jede Herausforderung zu meistern.

> *Wir Menschen schaffen uns unsere eigene Realität, weil wir fähig sind, durch ein bestimmtes Bewußtsein die Lebensenergie für die Schöpfung dieser Realität zu entwickeln.*

Erfolgschancen, die wir nicht sehen wollen

Ungeahnte Erfolgschancen warten in unserem Inneren darauf, daß wir sie durch meditative Selbstbesinnung und höchste Zielsetzung zur Entfaltung bringen.

Aber häufig hindert uns unsere Erziehung daran und macht uns dies unmöglich. Nach wie vor wird an den Schulen zur Anpassung erzogen, statt den einzelnen zu schöpferischem Denken anzuleiten.

Unsere Fähigkeiten werden be- und damit oft verurteilt. Von vielen berühmten Menschen wissen wir, daß sie von ihren Lehrern als unbegabt, begriffsstutzig, dumm und untauglich, als Träumer und Versager bezeichnet wurden. Dennoch konnten sie ihre innere Einheit bewahren und ihre schöpferischen Fähigkeiten erkennen und entwickeln.

Doch nicht jeder kann seine inneren Kräfte und Anlagen entfalten, wenn sie ständig durch Fehlbeurteilungen und Erziehungsfehler behindert und verschüttet werden.

Dabei braucht sich kein Mensch unfähig, unzulänglich, minderwertig oder unvollkommen zu fühlen. Jeder ist einzigartig und zu einmaligen Leistungen fähig. Hinter der äußeren Maske verbirgt sich eine eigene Individualität mit unvorstellbaren schöpferischen Fähigkeiten und Talenten. Diese Erkenntnis ist befreiend und beglückend.

Die meisten Menschen bauen ausschließlich darauf, was äußerlich sichtbar ist. Sie wissen nichts von ihrem viel größeren, inneren Reichtum. Sie schöpfen nur einen Bruchteil ihrer wahren Möglichkeiten aus. Das ändert sich, wenn sie begreifen, daß das Leben niemanden benachteiligt; daß es nicht an Eltern, Gott oder einem auferlegten Schicksal liegt, sondern lediglich an der Bereitschaft zur inneren Wachheit. Nicht die Anzahl der Talente ist entscheidend, sondern das Bewußtsein, daß diese Talente vorhanden sind.

Jeder Mensch, nicht nur das Genie, besitzt Anlagen, Kräfte und Fähigkeiten, die ihm unter den fünf Milliarden Menschen unseres Planeten eine Sonderstellung geben und ihm zur Erfüllung seiner Berufung verhelfen.

Hören Sie auf, anderen Menschen oder irgendwelchen Umständen die Schuld für Ihr bisheriges Leben zu geben. Machen Sie sich frei von äußeren Zwängen. In Ihnen selbst liegt verborgen, was Sie für ein ausgefülltes, befreites und glückliches Leben benötigen.

Gehen Sie in sich und erkennen Sie Ihren inneren Reichtum, Ihre Bestimmung und Ihren Weg.

Wären Ihnen alle Ihre Fähigkeiten und Talente bewußt, dann würden Sie erkennen, daß tausend Leben nicht ausreichten, um sie alle zur Entfaltung zu bringen, sondern, daß es dazu der Ewigkeit bedarf!

Niemand hindert Sie daran, diesen inneren Reichtum zum Wohle aller Menschen freizusetzen, außer Sie selbst. Keiner kann Ihnen Ihren inneren Reichtum bewußtmachen. Sie müssen sich selbst dazu entschließen, sich nach innen zu wenden, und aus eigenem Interesse Selbsterkenntnis anstreben.

Vielleicht haben Sie diese im wahrsten Sinne des Wortes magische Verursachungskraft Ihrer Gedanken bisher nur unbewußt eingesetzt?

Um diese unvorstellbare Kraft wirksam einsetzen zu können, müssen wir die geistigen Gesetze verstehen, die unser Universum regieren. Wenn Sie diese Gesetze im täglichen Leben beachten, werden Sie die Kraft des visionären Denkens auf eine bewußte und sehr schöpferische Art nutzen können.

> *Ein Mensch mit einer positiven Erwartungshaltung entwickelt automatisch Fähigkeiten, die zu Fähigkeiten wie Vorausahnung und Intuition führen.*

Unser Universum ist materialisierte Energie

Was die Wissenschaft jetzt allmählich zu entdecken beginnt, wissen spirituelle Lehrer schon seit Jahrhunderten: über welche Schöpfungskräfte der Mensch verfügt.

Unsere physische Welt ist in Wirklichkeit nicht Materie, sondern besteht im wesentlichen aus einer Art Kraft oder Geist, die wir Energie nennen können. Alles, was wir mit unseren Sinnesorganen als scheinbar fest und voneinander getrennt wahrnehmen, ist nur auf dieser Wahrnehmungsebene Materie. Auf feinstofflicheren Ebenen, etwa der atomaren und subatomaren Ebene, wird scheinbar feste Materie zu immer kleineren Teilchen innerhalb jeweils anderer Teilchen. Verfolgt man diesen Weg, stellt sich am Ende heraus, daß es sich um reine Energie handelt.

Alles, was sichtbar existiert, besteht aus Energie. Alles ist Bestandteil eines großen Energiefeldes. Was wir mit unseren normalen Sinnen wahrnehmen, sind in Wirklichkeit nur die unterschiedlichen Formen der essentiellen Energie.

Alles ist eins, und diese reine, intelligente Energie bildet in den verschiedensten Formen die Moleküle und Atome der physischen Welt. Unterschiedlich ist das elektronische Muster, die Schnelligkeit der Schwingung rund um den zentralen Kern und der Typ des Atoms. Verschiedene Atome schwingen in verschiedenen Frequenzen, je nachdem, ob es sich beispielsweise um Eisen, Stahl oder Gold handelt; die Substanz ist stets die gleiche; die Schwingungsfrequenz bestimmt die manifestierte Form.

Würde man einen Stahlträger auf dieser feinstofflichen Ebene unter dem Mikroskop betrachten, würde man sehen, daß sich alle Elektronen freiwillig zu Molekülen und Atomen formiert haben. Sie übernehmen die Aufgabe, den Stahlträger physisch sichtbar zu machen, lassen ihn also zu fester Materie werden. Dieses Prinzip liegt allem zugrunde.

Alles ist Schwingung, in ständigem Fluß, außerordentlich sensibel und gehorsam gegenüber den Gesetzen der Schöpfung. Alle Energieteilchen sind in ihrer Grundsubstanz vollkommen. Wir Menschen haben die Freiheit, Energieteilchen aus dem Körper des großen Ganzen herauszunehmen und durch unsere Gedanken, Gefühle, Worte und Handlungen zu lenken und zu formen. Wir erhalten das Baumaterial, um daraus zu erschaffen, was wir wünschen. Es ist uns Menschen freigestellt, was wir aus dieser reinen Energie formen. Aber: Wir tragen persönliche Verantwortung dafür. Was bedeutet dies nun praktisch?

Unser Leben ist ein Lernprozeß. Wir lernen, reine, vollkommene Energie zu vollkommenen Schöpfungen zu gebrauchen. Beeinträchtigen wir die Vollendung der Schöpfung durch Fehler im Umgang mit dieser Energie, dauert unser Lernprozeß an. Jede von uns erschaffene Schöpfung kehrt irgendwann zu uns zurück. Damit erhalten wir die Gelegenheit, begangene Fehler zu bereinigen, und diese Schöpfung doch noch zur Vollkommenheit zu bringen. Haben wir soviel gelernt, daß uns dies gelingt, sind wir von der persönlichen Verantwortung für diesen Schöpfungsprozeß befreit.

Die folgenden Kapitel können Ihnen helfen, sich von unerfreulichen Lebenserfahrungen schneller zu befreien und mehr Vollkommenheit in Ihr Leben zu bringen. Sie schaffen damit selbst Ihr Glück, Ihre Zufriedenheit und Ihren Erfolg.

Es kommt, wenn ein Mensch das Bedürfnis hat, sein Leben zu rechtfertigen, nicht auf eine objektive, allgemeine Höhe der Leistungen an, sondern eben darauf, daß er sein Wesen, das ihm Mitgegebene, so völlig und rein wie möglich in seinem Leben und Tun zur Darstellung bringe.

Hermann Hesse

Konzentration — bewußt gelenkte Geisteskraft

Sicher kennen Sie den Satz: »Wohin du deine Aufmerksamkeit lenkst, fließt deine Lebensenergie.« Aber, ist Ihnen die Substanz dieser Worte bewußt? Kennen Sie die Bedeutung der geistigen Kraft, die von unserer Aufmerksamkeit ausgeht?

Machen Sie sich klar, warum es so wichtig ist, was wir denken, fühlen und uns vorstellen. Gedanken sind Energieformen, die sehr schnell die subatomare Ebene erreichen und dort dafür sorgen, daß sich analog zu dem Gedanken Energieteilchen zu formen beginnen. Jeder Gedanke ist sozusagen ein Muster, nach dem die spätere Lebenserfahrung geformt wird.

Sie erinnern sich bestimmt an Ereignisse, bei denen sich Ihre Gedanken sehr schnell materialisierten und physisch in Ihrem Leben zeigten: Wenn Sie zum Beispiel an eine bestimmte Person dachten, kurz darauf das Telefon klingelte und eben diese Person anrief; oder wenn Sie sich mit einem bestimmten Thema beschäftigt hatten, und im Vorbeigehen an einer Buchhandlung fällt Ihr Blick magisch auf genau das Buch, das Sie interessiert, obwohl viele andere Bücher im Schaufenster ausgestellt sind.

Bei solchen Erlebnissen zeigt sich das Schöpfungsprinzip ganz deutlich. Jedem physisch erfahrbaren Ereignis geht immer ein Gedanke, ein Gefühl voraus. Wird dieser Gedanke dann noch visualisiert, erhöht sich die Aufmerksamkeit deutlich, und die Verwirklichung erfolgt noch rascher.

Es geschieht nichts, was nicht vorher gedacht wurde. Sie denken: »Ich habe Hunger«, darauf folgt die Zubereitung des Essens. In einer unangenehmen Unterhaltung mit Ihrem Chef denken Sie: »Das hätte er aber nicht zu mir sagen müssen«, bevor Sie sich darüber ärgern.

Gedanken, Gefühle und Vorstellungsbilder sind Energien mit dem Schöpfungsauftrag, sich zu verwirklichen. Sie haben die eingebaute Tendenz, Wirklichkeit werden zu wollen, und bilden die Form, in die die Energie des Universums fließt, um physisch sichtbar zu werden.

Darum ist alles, was uns begegnet, die formierte Energie unserer Gedanken, Gefühle und Vorstellungsbilder.

Wer ständig an Mangel denkt, wird Mangel erleiden. Wer ständig an Krankheit denkt, wird krank werden. Wer immer denkt, wie schwer es ist, dem Leben positive Seiten abzugewinnen, wird auch diese Energie in Form entsprechender Lebenserfahrungen spüren.

Es ist ein Gesetz des Universums, daß alles, was wir denken, fühlen und tun, auf uns wieder zurückfällt.

Wir sind, was wir denken.

Wollen wir unser Leben positiv verändern, müssen wir erkennen, daß es an uns allein liegt, damit zu beginnen, und es ist nie zu spät dazu.

Die Verursachungskraft visionären Denkens

Sicher haben Sie schon versucht, Ihre Lebensumstände positiv zu verändern, eventuell sogar mit starkem Willen. Aber Sie mußten feststellen, daß trotzdem wenig von dem geschah, was Sie sich vorstellten.

Deshalb möchte ich im folgenden einiges über die Macht Ihres Geistes − über die Wirkungsweise des visionären Denkens − sagen.

Unser Wille ist eine Verstandeskraft, die in den Begrenzungen unseres Bewußtseins gefangen ist. Wir können willentlich nur das erreichen, was zu unseren inneren Glaubensüberzeugungen paßt, was wir aus tiefster Überzeugung für machbar halten.

Häufig stecken wir uns Ziele, die wir vom Verstand her als erreichbar ansehen. Doch im Hinterkopf rühren sich unbewußt Zweifel, ob wir es denn auch erreichen werden. Und diese Zweifel sind weit mächtiger als unser Wille.

Wie können wir nun erlangen, was uns am Herzen liegt, was wir wünschen und wollen? Wie besiegen wir unsere inneren Zweifel?

Wir können das visionäre Denken dazu einsetzen, unseren inneren Antrieb, unseren Glauben und unsere Erwartungshaltung zu stärken.

Denken Sie noch einmal an die Bedeutung unserer Aufmerksamkeit, daran, daß dorthin unsere Lebensenergie fließt, wohin wir unsere Aufmerksamkeit lenken. Wollen Sie beispielsweise eine schlechte Angewohnheit ablegen, denken Sie wahrscheinlich darüber nach und entschließen sich dann, sie aufzugeben. Durch diese Aufmerksamkeit lenken Sie Energie in den unvollkommenen Zustand − und verstärken die schlechte Angewohnheit zusätzlich.

Praktisch haben Sie das bestimmt schon erlebt, wenn Sie zum Beispiel abends nicht einschlafen konnten und sich darauf konzentrierten, unbedingt einschlafen zu wollen. Ergebnis: Sie wurden immer wacher, obwohl Sie sich willentlich mit dem Einschlafen beschäftigten.

Visionär zu denken ist eine Methode, die es Ihnen ermöglicht, Ziele zu erreichen, die sonst nur unter größten Willensanstrengungen erlangt werden können. Es setzt Fähigkeiten im Menschen frei, über die jeder verfügt. Nur gebrauchen die meisten Menschen diese Kraft — wenn überhaupt — nur unbewußt und unkontrolliert, was schließlich auch zu willkürlich erscheinenden Ergebnissen führt.

Damit Sie das visionäre Denken wirksam praktizieren können, sollten Sie es in Ihr Denkverhalten integrieren, so daß es Ihnen harmonisch »objektive« und »subjektive« Informationen und Wahrnehmungen liefert, Sie im ganzheitlichen *Verhalten* fördert und damit Ihr *Haben* entfaltet und vermehrt.

Häufig gehen die Menschen den falschen Weg. Sie konzentrieren sich auf das *Haben*. Sie wollen Glück, Gesundheit, Reichtum, Freunde — sie wollen alles besitzen, festhalten.

Oft höre ich Menschen, die gerne Karriere in ihrem Beruf machen möchten, sagen: »Ja, wenn ich erst einmal dort oben in der Chefetage meinen Arbeitsplatz *habe*, dann bin ich auch so wie unser Chef.«

Sie übersehen dabei, daß der Chef die Position nur hat, weil er schon vorher in seinem *Sein* der Chef war. Seine Überlegung war nicht, diesen Posten *haben* zu wollen, sondern der Chef zu *sein*, und das zeigt sich auch in seinem *Verhalten*.

Denken Sie darüber nach. Wenn Sie Ihr *Sein* entfalten, wird mehr von dem *sein,* was Sie *haben* möchten.

Alles geschieht von innen nach außen. Sie müssen zunächst Ihre innere Welt in Ordnung bringen, damit die äußere Welt in Ordnung kommen kann. Die visionäre Denkweise wird Sie von inneren Begrenzungen befreien und Ihr wahres *Sein* entfalten, Ihnen Ihren inneren Reichtum bewußtmachen und Ihre Intuition und Kreativität fördern.

Sie werden lernen loszulassen, Ihre Aufmerksamkeit vom *Haben* zum *Sein* zu verlagern. Sie werden der, der Sie in Ihrer wahren Natur schon immer waren.

Warum? – Visionäres Denken ist eine wirksamere, ganzheitliche Art zu denken. Alles Sichtbare hat seinen Ursprung im Unsichtbaren, war zuerst lediglich eine unsichtbare Vision, die aber schon vor ihrer Sichtbarkeit gedankliche Realität war. Alles, was objektiv existiert, existiert gleichzeitig auch subjektiv. Dazu Thomas Reichau in seinem Artikel *Die Mystik von gestern ist die Physik von heute* in der Zeitschrift »Bio« (siehe »Quellen und weiterführende Literatur«).

Der Übergang von der klassischen Physik zur Quantenfeldtheorie brachte sozusagen die Entstehung eines zweiten Universums mit sich. Während uns die manifeste, sinnlich wahrnehmbare, meßbare, vielfältige Realität vertraut und nah ist, ist uns die unmanifeste, aber dennoch real vorhandene Welt der Wellenfunktionen noch recht fern.

Die Upanischaden (philosophische Texte, die zwischen 1000 und 300 v.Chr. in Indien entstanden) sagen darüber aus:

»Dorthin dringt nicht das Auge, nicht die Stimme, nicht der Geist. Wir wissen nicht, wir verstehen nicht, wie man das lehren könnte.«

Um in dieses »zweite Universum«, das dem uns vertrauten zugrunde liegt, einzudringen, empfehlen moderne Wissenschaftler, sich meditative und kontemplative Erfahrungen zugänglich zu machen. Fritjof Capra:

»Absolutes Wissen ist eine völlig nicht-intellektuelle Erfahrung der Wirklichkeit. Eine Erfahrung, die in einem ungewöhnlichen Bewußtseinszustand auftritt, den man einen › meditativen ‹ oder mystischen Zustand nennen kann.« [. . .]

Daß es unmöglich ist, die ganze Wirklichkeit mit unserem logischen Denken zu erfassen, hat noch einen weiteren Grund. Das Universum beruht nach den Erkenntnissen moderner Physik auf einem Paradoxon: Es ist in solcher Weise geschaffen, daß es sowohl unendlich als endlich ist. Es existiert sowohl jenseits als auch innerhalb von Raum und Zeit. Es ist unmanifest und metaphysisch und zugleich manifest und physisch. Es ist ewig im Zustand des Seins und gleichzeitig ständig im Zustand des Werdens. Es ist sowohl vollkommen unberechenbar und unergründlich (freier Wille), als auch vollkommen berechen- und beweisbar (Determinismus, Karma). Es ist von einem unbegrenzten kosmischen Bewußtsein durchdrungen (Bewußtsein ist nach neuesten Erkenntnissen womöglich die letzte Ebene der Natur), und gleichzeitig spielt das begrenzte Ego-Bewußtsein kräftig mit.

Dieses paradoxe Rätsel ist für die meisten Menschen und vor allem für die Anhänger des logischen Denkens ein unüberwindliches Hindernis. Wir können ewig darüber nachdenken, durch Denken ist es nicht begreifbar! Es ist nur als wahr zu akzeptieren. Das *Sein* und das gleichzeitige *Werden* sind die subjektiven und objektiven Pole unserer Realität. Erst wenn wir beide Pole in uns wahrnehmen, wissen wir, daß es sich in Wahrheit um ein großes Ganzes, um eine einzige Vision, um die Schöpfungsvision handelt. Sie *ist* und sie *wird*.

Visionär denken bedeutet, daß wir bereit sind, nicht mehr nur die objektiven, mit unseren fünf Sinnen wahrnehmbaren Informationen zu berücksichtigen, sondern uns gleichzeitig um subjektive, mit unseren inneren Sinnen wahrnehmbare Informationen bemühen.

Wer dies praktiziert, denkt visionär. Conrad Hilton, der weltbekannte Gründer der Hilton-Hotelkette, dachte schon immer visionär. Er hatte die Begabung, etwas geschehen zu lassen, und versuchte nicht in jeder Lage, die Situation rational im Griff zu behalten.

Die große Kunst des Geschehenlassens bedeutet im Geschäftsleben, daß man seine Intuition, seine Erfahrung und das Verständnis für objektive Fakten natürlich und harmonisch zusammenfließen läßt. Die meisten Menschen sind aber aufgrund ihrer Erziehung nicht imstande, ihr gesamtes Wissenspotential zu nutzen. Von klein auf wird den meisten von Eltern, Lehrern und der intellektuell ausgerichteten Umwelt suggeriert, sich nicht auf das Gefühl zu verlassen und nicht aufgrund gewisser Ahnungen zu handeln: Es wäre wenig verantwortungsbewußt.

Wir wurden immer dazu angehalten, nur die eine Hälfte unseres Verstandes zu gebrauchen. Menschen, die ihre ganze Vernunft einsetzen, verbinden zwei Formen der Intelligenz: die äußere – rational und analytisch, sowie die innere – intuitiv und kreativ.

Nur in dieser Harmonie sind wir zu außergewöhnlichen Leistungen fähig, wie uns die Geschichten über erfolgreiche Persönlichkeiten immer wieder zeigen. Von Conrad Hilton erzählt man sich, daß seine Konkurrenten gerade seinen intuitiven »Riecher« fürchteten. Das folgende Beispiel zeigt dies deutlich.

Ein Konzern stand zum Verkauf. Die Treuhänder, die diesen Verkauf abwickelten, nahmen Preisangebote entgegen. Hilton wollte zunächst 165 000 Dollar bieten. Er sagte: »Irgendwie hatte ich bei diesem Angebot ein ungutes Gefühl. Eine andere Zahl kam mir in den Sinn: 180 000 Dollar. Bei dieser Zahl hatte ich ein gutes Gefühl.« Er gab ein entsprechendes Angebot ab und erhielt den Zuschlag. Dieser Kauf brachte ihm nach eigenen Aussagen später zwei Millionen Dollar ein. Interessant ist, wie hoch das zweithöchste Angebot lag. Als es bekanntgegeben wurde, staunten wiederum alle über Hiltons Intuitionskraft. Es lautete 179 800 Dollar. Hilton hatte seiner Intuition vertraut und mit dem geringen Vorsprung von 200 Dollar ein Riesengeschäft getätigt. Sie sehen an diesem Beispiel, daß keine verstandesmäßige Überlegung oder noch so genaue Berechnungen und Bewertungen objektiver Fakten so viel leisten. Solche Ergebnisse bleiben der Intuition vorbehalten, die in direktem Kontakt mit einer höheren Intelligenz zu stehen scheint; einer Intelligenz, die uns führt, wenn wir ihr vertrauen.

Haben Sie mehr Mut. Entwickeln Sie Vertrauen zu Ihrer Intuition. Verbinden auch Sie sich mit dieser höheren Intelligenz. Die Topmanager machen es, wenn sie darüber auch nicht öffentlich sprechen. Meistens begründen sie ihre Entscheidungen mit rationalen Argumenten, und wir kommen gar nicht auf die Idee, daß Intuition im Spiel war. Am »Institute of Technology«, der viertgrößten Technischen Hochschule der USA, erforschten Dr. Douglas Dean und Dr. John Mihalasky diesen unbekannten Faktor, der den größeren Erfolg auszumachen scheint: Die Fähigkeit des »Voraussehens«.

Über siebentausend Manager beteiligten sich an diesem Test. Die Ergebnisse waren erstaunlich. Eindeutig zeigte sich, daß die erfolgreichsten Manager die Fähigkeit, etwas vorauszusehen, am besten beherrschten. Von einundzwanzig Chefs, die in den letzten fünf Jahren den Gewinn ihrer Firma verdoppelt hatten, wiesen neunzehn eine hohe Trefferzahl bei diesen Tests auf und zwei eine durchschnittliche. Von fünfzehn weniger erfolgreichen Chefs, die den Gewinn ihrer Firma »nur« um 51 bis 100 Prozent gesteigert hatten, erzielten fünf eine hohe Trefferzahl, zwei eine durchschnittliche und acht lagen darunter. Das Wirtschaftsmagazin »Capital« berichtete 1979 über diese Forschungen.

Entwickeln auch Sie Ihre Intuitionskraft! Auch Sie können

diese kreative Fähigkeit erwerben und mit ihrer Hilfe bessere Entscheidungen treffen. Es erfordert nur ein wenig Übung und etwas Ausdauer. Auf die gleiche Weise wie Poesie, Musik oder Kunst den Tiefen des Unbewußten entstammen, können auch Spitzenleistungen in der Wirtschaft dieser Quelle entspringen. Überprüfen Sie Ihre Einstellung zu intuitivem Handeln. Haben Sie wirklich Vertrauen zu Ihrer Intuition? Wenn nur auf einigen Gebieten, warum nicht auch auf anderen? Üben Sie täglich, und Ihre Intuitionskraft wird sich entfalten und für Sie völlig selbstverständlich werden. Setzen Sie sich dieses Ziel, wenn Sie zu Spitzenleistungen fähig sein wollen.

Conrad Hilton hatte diese Gabe zur Alltäglichkeit entwickelt; er war es gewohnt, intuitiv zu handeln. Er dachte visionär, denn er berücksichtigte bei seinen Entscheidungen sowohl objektive als auch subjektive Informationen. Ich möchte Sie motivieren, das auch zu tun. Nicht das eine Mal objektiv, ein anderes Mal subjektiv. Nein, bringen Sie Harmonie in Ihr Denken! Erst dann denken Sie visionär und sind stärker mit der Schöpfungsvision verbunden.

Innere Informationsverarbeitung

Unser wahres Wesen wartet darauf, daß wir sein volles Potential an Schöpfungskraft gebrauchen. Es ist fähig, jedes Problem zu lösen. Wenn wir dieses wahre Schöpfungspotential nicht erkennen, können wir auch keine Lösungen erwarten.

Wir nutzen zur Lösung unserer Probleme nur den Bereich unseres wahren Wesens, dem wir uns geöffnet haben. Die Lösungen entsprechen dem Grad unserer Öffnung. Öffnen wir uns weiter, fließen uns Lösungen verstärkt zu, ähnlich wie bei einem Wasserhahn: Drehen wir ihn nur ein wenig auf, tropft er; drehen wir ihn stärker auf, beginnt das Wasser zu strömen. Unsere Intuition kann ebenso strömen und unser Bewußtsein mit Ideen überschwemmen, so daß es gar nicht so einfach ist, sie alle in die Tat umzusetzen. Aber wie können wir uns weiter öffnen? – Dazu bedarf es eines Prozesses der Selbsterkenntnis.

Wir leben in der Zeit der Computer. Jeder weiß, was ein Computer ist und wie er arbeitet. Wir verfügen über ein Gerät, Hardware genannt. Diese Hardware bietet die Voraussetzungen für die Computerarbeit, stellt sozusagen das Gehirn dar, ist aber ohne Programme – die Software – nicht in der Lage, Ergebnisse nach unseren Wünschen zu produzieren. Die Qualität der Software ist der entscheidende Faktor für den Nutzen eines Computers.

So ist es auch bei uns. Jeder Mensch verfügt über die Hardware, um Probleme zu lösen. Weil wir aber mit unzureichender Software arbeiten, nutzen wir nur einen Bruchteil der Möglichkeiten. Unsere Programme sind begrenzt und somit auch die Ergebnisse. Erweitern und verbessern wir unsere Programme, so sind heute noch unvorstellbare Resultate die automatische Folge.

Die Qualität der menschlichen Software, unserer Programme, wird von unserer Bildung und Weltanschauung beeinflußt. Was wir gelernt haben und für wahr halten, bestimmt unsere Ergebnisse und Leistungen. So bilden unsere Glaubensüberzeugungen die Parameter für die erzielbaren Resultate. Nur was wir glauben, können wir erreichen. Wir selbst setzen uns die Grenzen! Solange wir unsere Grenzen nicht erweitern, können keine größeren Erfolge erzielt werden.

Ich möchte dazu beitragen, daß Sie neue Software zum Einsatz bringen: ein Programm zur Steigerung Ihres Bewußtseins, das Ihre »Intuitionsverarbeitung« effektiver macht und Ihnen Lösungen ermöglicht, von denen Sie früher nicht zu träumen wagten.

Ähnlich wie bei der Datenverarbeitung durch den Computer, die aus Eingabe von Daten (Input), Ordnung der Daten (Formatierung), Verarbeitung und Ausgabe der Daten (Output) besteht, müssen auch wir unsere Möglichkeiten nutzen. Auch wir müssen unterscheiden zwischen den Dingen, die wir bewußt handhaben müssen, und den Dingen, die im Computer automatisch entsprechend dem eingesetzten Programm ablaufen.

Bei einem Computer findet die Formatierung und die Verarbeitung der Daten nach den Vorgaben des Programmierers statt. Während der Verarbeitung kann daran nichts geändert werden. Die Ergebnisse können nur so gut sein, wie die Regeln es erlauben, die zur Datenverarbeitung vorgegeben wurden. Der einzige Einfluß, den der Mensch auf die Computerverarbeitung hat, wenn er mit den Ergebnissen der Datenverarbeitung unzufrieden ist, liegt im Input und in Programmänderungen.

Diese Beschreibung kann als Gleichnis dienen, wenn wir wissen wollen, wie wir unser geistiges Potential besser nutzen können.

Die Verarbeitung unserer täglichen Probleme kann immer

nur so gut sein, wie unsere inneren Programme es erlauben. Selbst dann, wenn wir uns die größte Mühe mit dem Input geben, wenn wir rational und logisch alles durchdenken, kann das Ergebnis nur dem entsprechen, was innerlich in uns geordnet und verarbeitet wird. Sind wir nicht zufrieden, müssen wir an unseren inneren Programmen arbeiten, damit die innere Ordnung und die Verarbeitung bewußter Daten verbessert werden.

Die Qualität des Outputs bei der Informationsverarbeitung wird durch die folgenden Faktoren bestimmt:

1. Qualität der Eingabedaten (Input) —
   Bewußte Aufnahme von Informationen

2. Qualität der Verarbeitungsregeln (Software) —
   Subjektive Weltanschauung und gelerntes Wissen

Punkt zwei ist der wichtigere. Die Eingabedaten können qualitativ noch so gut sein, wenn das Programm diese aber nicht erkennen oder verarbeiten kann, werden sie im Output nicht berücksichtigt.

So ist es auch um Ihre Lebenserfahrungen bestellt. Sie können noch so intelligent sein, noch so bewußt leben und sich aller Informationen bedienen, die Sie mit Ihren äußeren Sinnen erfassen können: Die Qualität der Verarbeitung dieser Informationen liegt in Ihren inneren Programmen. Ihre inneren Programme stellen die Regeln auf, nach denen Informationen erkannt und verarbeitet werden. Diese Regeln sind in erster Linie Ihre Glaubensüberzeugungen und Ihre Erwartungshaltungen. Was Sie glauben und erwarten, regelt die Verarbeitung aller bewußt und unbewußt zugänglichen Informationen.

Ein Mensch, der tief in seinen inneren Glaubensüberzeugungen und in seiner Erwartungshaltung die Gewißheit hegt, es wäre schwer, so »reich« wie Rockefeller zu werden, der kann es auch nicht werden. Einem solchen Menschen könnte das Glück über den Weg laufen, er würde es nicht erkennen. Es könnte zu ihm ein Mann kommen und ihm sagen: »Hier habe ich einen Vertrag, unterschreibe ihn, werde mein Partner, und in einem Jahr bist du Millionär.« Auch wenn dies auf Wahrheit beruhen würde, würden die Überlegungen zu dieser Chance und die Entscheidung geprägt von den skeptischen inneren Überzeugungen. Er würde dem Mann seinen Vertrag ohne Unterschrift zurückgeben, weil er davon selbst überzeugt ist, daß es keine gute Chance ist. Eher würde er einen »Haken« in dieser Sache vermuten als eine Chance, Millionär zu werden.

Sie sehen, daß es nicht darauf ankommt, welche Chancen und Informationen wir bewußt erhalten, sondern wie unsere innere Einstellung dazu aussieht. Jeder äußere Erfolg entspricht genau unserer inneren Erfolgseinstellung. Unser äußeres Leben ist ein Spiegel unseres inneren Lebens. Und alles, was uns im Leben begegnet, wird innerlich nach den Regeln verarbeitet, die in uns programmiert sind. Unser äußerer Erfolg und unsere Zufriedenheit werden bestimmt von unseren inneren Visionen, die Software unseres Lebens.

Überprüfen und ändern Sie Ihre inneren Visionen − Ihre Glaubensüberzeugungen und Ihre Erwartungshaltung, denn nur damit schaffen Sie die Voraussetzung für ein besseres, erfolgreiches und zufriedenes Leben.

Innere und äußere Intelligenz

Menschen, die sich nur auf objektive Informationen verlassen, werden ihre Probleme ebensowenig meistern wie jene, die einzig auf subjektive Methoden setzen.

Im harmonischen Gebrauch objektiver und subjektiver Informationen liegt der Schlüssel für die Bewältigung künftiger Herausforderungen. Schon heute kann die Arbeit vieler Menschen von einer Maschine erledigt werden, und die Leistungsfähigkeit unserer Maschinen wächst ständig. Aber keine Maschine kann die Leistung eines außergewöhnlichen Menschen erbringen!

Die Entwicklung der Computerindustrie und Schlagworte wie »künstliche Intelligenz« zeigen, in welche Richtung die Zukunft des Menschen geht. Der außergewöhnliche Mensch bleibt dennoch so unersetzbar wie eh und je, gerade auch in der Industrie. Nur Experten und kreativ Denkende können die hochkomplizierten neuen Maschinen sinnvoll einsetzen und weiter verbessern.

In der Wirtschaft zeigt sich schon heute deutlich der Trend von morgen: Wer sich nicht in irgendeiner Weise gegenüber vielen anderen auszeichnet, kommt nur für weniger qualifizierte Dienstleistungen und Hilfsarbeiten in Frage, wenn es ihm überhaupt gelingt, eine Anstellung zu finden.

Schon heute geht es deshalb darum, sich zu einem Experten der Lebensbewältigung weiterzuentwickeln. Es genügt nicht mehr, sich einfach nur Wissen anzueignen. Auch ein »geschulter Geist« allein reicht nicht mehr aus.

Und es grenzt an Täuschung, Schüler und Studenten glauben zu lassen, irgendein Schul- oder Studienabschluß garantiere ihnen nicht nur eine sichere Anstellung, sondern auch beruflichen Aufstieg und ein glückliches Leben.

Mittelmäßigkeit reicht nicht mehr! Was heute noch Durchschnitt ist, wird schon morgen unter dem Durchschnitt liegen. Was heute noch großartig ist, wird morgen schon zum Durchschnitt gehören. Wir befinden uns in einem ständigen materiellen, geistigen und seelischen Entwicklungsprozeß. Wer stillsteht, bleibt zurück.

Ich mache Sie mit einem Training bekannt, das Sie zu einem anderen Denken führen kann. Die meisten praktischen Beispiele habe ich aus der Berufs- und Geschäftswelt gewählt. Diese Methode ist jedoch nicht nur auf den beruflichen Sektor beschränkt. In allen Lebensbereichen können Sie sich in positiver Weise darstellen und Ihre guten Ziele durchsetzen. Visionär denken hilft Ihnen im Beruf, in der Familie, in der Freizeit und im gesellschaftlichen Leben.

Beginnen Sie, Ihre Wahrnehmungsfähigkeit zu erweitern. Es geht darum, beide Hirnhälften in Einklang miteinander zu bringen, die logischen und intellektuellen Funktionen unserer linken Hirnhälfte und die schöpferischen Fähigkeiten der rechten Hirnhälfte zu einem neuen Ganzen zu verschmelzen. Durch den gleichmäßigeren, harmonischen Gebrauch unserer beiden Hirnhälften profitieren wir mehr von unseren wahren Möglichkeiten, weil wir uns nicht nur unserer äußeren Intelligenz, sondern auch unserer inneren Intelligenz bedienen.

Die Möglichkeiten und der Gebrauch unserer äußeren Intelligenz sind uns hinreichend bekannt. Der wirksame Gebrauch unserer inneren Intelligenz wird uns nirgends gelehrt. Wir können in diesem Fall nur aus den Erfolgen bekannter Persönlichkeiten lernen. Was haben diese Menschen anders gemacht als wir? – Sie haben mehr aus ihrem geistigen Potential gemacht. Denn: Nicht unser objektives Wissen verursacht wahren und dauerhaften Erfolg, sondern das subjektive Wissen der inneren Intelligenz.

Einen großen Vorsprung hat deshalb derjenige, der beide Hirnhälften gebraucht, der seine Intuition entwickelt hat, der mit Visionen umzugehen versteht, der in der subjektiven und der objektiven Dimension lebt, der erst denkt und dann handelt.

Hinter den Kulissen des Erfolgs

Haben Sie einmal hinter die Kulissen der Erfolgreichen geschaut? Kein Mensch macht zufällig eine atemberaubende Karriere. Was steckt dahinter?

Bei allem Individualismus, bei allen Unterschiedlichkeiten erfolgreicher Persönlichkeiten ist es erstaunlich festzustellen, daß alle Erfolgreichen bestimmte Verhaltensweisen gemeinsam haben. Es ist keineswegs notwendig, von Haus aus reich, mit materiellen Gütern gesegnet zu sein, um die Spitze zu erklimmen. Bestimmte Charaktereigenschaften unterscheiden die Erfolgreichen von den weniger Erfolgreichen, und diese Eigenschaften ermöglichen es ihnen, im großen Spiel des Lebens zu gewinnen.

Ausgangspunkt für den Aufstieg ist stets eine gewisse Unzufriedenheit. Erfolgreiche Menschen wollen sich häufig nicht zufriedengeben mit dem Lebensweg, der durch Ausbildung und Elternhaus vorgezeichnet ist. Sie wollen nicht einer unter vielen bleiben.

Alle diese Menschen verspüren eine gewisse innere Begeisterung für Erfolg. Sie wollen Selbständigkeit, Unabhängigkeit. Sie suchen Eigenverantwortung, wollen ihr Schicksal selbst in die Hand nehmen. Diese Energie, dieses Selbstvertrauen verführt sie aber nicht dazu, möglichst schnell und ohne Arbeit reich zu werden, etwa durch Börsenspekulation oder obskure Geschäfte. Genau das Gegenteil zeichnet viele Erfolgreiche aus: Sie haben eindeutige Visionen davon, was sie erreichen wollen und wie. Sie haben klare, genau definierte Ziele, und diese verfolgen sie voller Begeisterung.

Sie wissen, daß sie diese Ziele nicht von heute auf morgen erreichen können und daß der Weg nach oben nur durch unermüdliche Aktivität zu schaffen ist. Und das bedeutet Arbeit, oftmals 70 bis 80 Stunden pro Woche, 52 Wochen im Jahr.

Freizeit und Urlaub sind, zumindest in der Aufbauphase, für viele der Erfolgreichen Fremdwörter.

Es gibt natürlich auch Rückschläge, Mißerfolge, Enttäuschungen. Andere Menschen würden dadurch mit Sicherheit aus der Bahn geworfen, hätten aufgegeben. Doch Menschen, die den Erfolg aus ganzem Herzen anstreben, machen auch dann weiter, wenn sie mehrere Schicksalsschläge hinnehmen müssen. Sie fangen wieder bei Null an. Ihre innere Begeisterung treibt sie voran. Dazu gehören Mut und der unbedingte Glaube an sich selbst. Rückschläge entmutigen den Erfolgreichen nie, denn auch aus Mißerfolgen läßt sich lernen. Bestimmte Fehler macht man kein zweites Mal. Sie können helfen, den Weg zum Erfolg klarer zu sehen, und die Mittel zu erkennen, die nötig sind, um diesen Weg zu bewältigen.

Nun könnte man meinen, wenn der Erfolg erst einmal eingetreten und ein sorgenfreies Leben möglich ist, sei der Zeitpunkt gekommen, die Früchte der Arbeit in Ruhe zu genießen. Doch das würde dem Charakter der Erfolgreichen widersprechen: Sie geben sich nie mit dem Erreichten zufrieden, sie bescheiden sich nicht damit, sich auf ihren Lorbeeren auszuruhen. Im Gegenteil: Kaum haben sie ein Ziel erreicht, schmieden sie schon wieder neue Pläne. Ihr Drang nach mehr scheint sie unaufhörlich voranzutreiben. Und mit der bereits bewiesenen Zielstrebigkeit und Energie werden sie auch bei neuen Vorhaben mit Sicherheit Erfolg haben.

Erfolgreiche Menschen denken erfolgreich

Erfolgreich denken heißt auch, keine Angst vor Fehlern zu haben. Die erfolgreiche Führungskraft sieht in der Niederlage einen Neubeginn, das Sprungbrett zu neuen Qualitäten. Führungspersönlichkeiten denken nicht an Versagen. Für sie haben Worte wie Fehlschlag oder Mißerfolg nichts Endgültiges. Es sind Abschiede vom falschen Weg. Eine Umfrage bestätigte: Wer an der Spitze steht, spricht nicht von Mißerfolg, sondern spricht von Irrtum, Fehlstart und Rückschlag.

Führungskräfte sind nicht glücklich über ihre Fehler, aber davon überzeugt, daß sie und ihre Mitarbeiter aus Fehlern lernen können. Diese Einstellung kennen wir auch von Fußballtrainern. Ist Ihnen schon einmal aufgefallen, daß Fußballtrainer, wenn ihre Mannschaft gerade eine Niederlage erlitten hat und sie von der Presse gefragt werden, wie es denn weitergehen soll, häufig Erleichterung zum Ausdruck bringen, indem sie etwa sagen: »Großartig! Jetzt können wir uns auf das Gewinnen konzentrieren, statt darauf, nicht zu verlieren.«

Das Geheimnis erfolgreichen Handelns liegt auch in dem Rezept, möglichst rasch viele Fehler zu machen, um daraus zu lernen. Dazu eine interessante Geschichte:

Ein vielversprechender junger Manager von IBM verursachte durch eine riskante Unternehmung einen Verlust von mehreren Millionen Dollar. Als der Firmengründer Thomas G. Watson senior den Mann in sein Büro kommen ließ und dieser meinte, »Ich nehme an, Sie erwarten, daß ich kündige«, erwiderte Watson: »Das ist wohl nicht Ihr Ernst. Wir haben für Ihre Ausbildung gerade ein paar Millionen Dollar ausgegeben!«

Erfolgreiche Unternehmer wissen, wie bedeutungslos Fehler sind. Niemand wird Fehler absichtlich verursachen oder bewußt herbeiführen. Wenn ein Mensch zu jeder Zeit versucht, sein Bestes zu geben, und ihm dabei einmal ein Fehler unterläuft, so ist dies die beste Gelegenheit zum Lernen, um daraus mit einer positiven Einstellung einen neuen Erfolg wachsen zu lassen.

In der Bibel steht: »Wie du säst, so wirst du ernten.« Wissenschaftler sprechen von Ursache und Wirkung. Die Bedeutung ist die gleiche: Unser Gewinn hängt von unserem Einsatz ab. Wir haben es selbst in der Hand, unseren Platz im Leben und unseren eigenen Erfolg zu bestimmen. Verantwortungsbewußte Menschen erkennen die Fesseln, die sie sich selbst angelegt haben, und befreien sich im Augenblick der Erkenntnis davon.

Einer der besten Wege, sich den täglichen Herausforderungen zu stellen, ist, sie als gegeben hinzunehmen. Aus Mißgeschicken und Fehlschlägen lernen wir, künftige Fehlreaktionen zu vermeiden und mit Streß und Alltagsbelastungen besser umzugehen.

Erfolgsmenschen überlassen ihre Entwicklung nicht dem Zufall. Sie arbeiten bewußt an sich, indem sie sich immer wieder mit ihren Möglichkeiten und ihren Ansprüchen auseinandersetzen. Wir sollten uns auch bewußtmachen, daß unsere heutige Gesellschaft mehr Freiheit zur Persönlichkeitsentfaltung und mehr Chancen zur Verwirklichung von Begabungen und Vorstellungen bietet als jede andere. Wer das Gefühl hat, in bestimmte Situationen einfach hineinzugeraten oder zur Flucht gedrängt zu werden, hat sein Leben nicht im Griff. Alle erfolgreichen Menschen nutzen die Fähigkeiten, mit denen sie geboren wurden, und bringen sie zur vollen Entfaltung. Kurz: Verlierer lassen sich lenken. Gewinner nehmen das Steuer selbst in die Hand.

> *Hab Mut — und ungeahnte Kräfte werden dir zu Hilfe kommen.*

Mut zu haben ist nicht die Aufforderung, sorglos oder leichtsinnig zu sein. Mut bedeutet die wohlüberlegte Entscheidung, von Zeit zu Zeit ein kalkuliertes Risiko einzugehen. An den ungeahnten Kräften ist nichts Geheimnisvolles. Damit sind die Kräfte gemeint, die wir alle besitzen: Energie, Geschicklichkeit, gesundes Urteilsvermögen, Ideenreichtum, Fantasie – sogar körperliche Kraft und Ausdauer in weit größerem Maß, als uns meist bewußt ist.

Mut kann eine Situation herbeiführen, auf die unser Organismus reagiert. Wir suchen uns meist selbst unbewußt unsere Herausforderungen. Sicher gibt es Rückschläge und Enttäuschungen; Mut zum Risiko allein garantiert noch keinen Erfolg. Meist verursacht aber die Furcht, überhaupt ein Wagnis einzugehen, den Mißerfolg. Angst lähmt. Sie kann die Muskeln verhärten und Geist und Willen blockieren.

Wir kennen das Sprichwort: Wer wagt, gewinnt. Ein kluger Mann sagte einmal: »Liebt das Leben. Seid immer dankbar dafür. Und beweist eure Dankbarkeit, indem ihr nicht vor seinen Prüfungen zurückschreckt. Versucht immer, ein bißchen über eure Fähigkeiten hinaus zu leben, und ihr werdet feststellen, daß eure Fähigkeiten größer sind, als ihr euch je habt träumen lassen.«

Und genauso verhalten sich erfolgreiche Menschen. Sie haben kein übertriebenes Sicherheitsbedürfnis. Sie suchen immer neue Herausforderungen, die es zu bestehen gilt. Erfolg hat viel mit Mut zu tun, auch dem Mut, Fehler zu machen. Erfolgreiche sind unter anderem deshalb so erfolgreich, weil sie bereit sind, mehr Fehler zu machen als die meisten Menschen. Wer immer nur wartet und Angst hat, überhaupt etwas zu tun, weil er fürchtet, Fehler zu begehen, wird niemals viel erreichen.

In Lösungen denken

Wir müssen täglich Probleme lösen, das heißt, in einer mehr oder weniger schwierigen Situation einen Weg finden, der uns einem gewünschten Ziel näherbringt. Probleme lösen und Entscheidungen treffen sind die wesentlichen Aufgaben unseres Lebens. Hätten wir keine Probleme mehr zu lösen, würde unserem Leben Entwicklung, Wachstum, Wechsel und mancher Anreiz fehlen. Wie Sie mit Ihren besonderen Problemen fertigwerden, bestimmt Ihre Lebenssituation: sie kreativ zu lösen kann das Leben reicher, erfreulicher und angenehmer machen. Entwickeln Sie sich vom Problemdenker zum Lösungsdenker.

Manchen Menschen gelingt es stets, gute, wenn auch vielleicht unerwartete oder unkonventionelle Lösungen zu finden. Solche Menschen sind in unseren Augen erfolgreich. Ich habe festgestellt, daß erfolgreiche Menschen außerordentlich intuitiv sind, und daß intuitive Menschen im allgemeinen erfolgreich sind. Die beiden Eigenschaften stehen in sehr engem Zusammenhang. Erfolgreiche Menschen scheinen eine vorhandene, offensichtlich unbeabsichtigte Fähigkeit zu besitzen, ihr logisch-kritisches Urteilungsvermögen beiseite zu schieben, während ihre Intuition sie mit Einfällen versorgt. Sie haben ihr Schöpfungsgeschenk ausgepackt. Die meisten Menschen lassen es eingepackt, weil ihnen der Mut fehlt auszuprobieren, was ihnen möglich wäre; aber sie beklagen sich, wenn ihnen nichts im Leben geschenkt wird. Würden Sie einem Menschen noch einmal etwas schenken wollen, wenn Sie wissen, daß er Ihr Geschenk nicht auspackt?

Es gibt immer noch Skeptiker, die behaupten, subjektive Methoden seien reine Träumerei, und man täte gut daran, sich nicht darauf zu verlassen. Doch es gibt genügend wissenschaftliche Beweise, die uns ermutigen, die wertvolle Informationsquelle unserer rechten Gehirnhälfte soweit wie möglich zu nutzen und auszuschöpfen.

Die Vision als Ursache

Haben Sie sich schon einmal Gedanken darüber gemacht, weshalb etwas so funktioniert, wie es funktioniert?

Wenn ich morgens unter die Dusche gehe, dann denke ich vielleicht darüber nach, warum das Wasser wohl warm wird. Sicher haben die Techniker eine Erklärung dafür, aber diese Erklärung reicht mir nicht aus. Sie bezeichnet meines Erachtens nicht die wahre Ursache, sondern nur die Wirkung anhand physikalischer Gesetze. Das eigentliche »Warum?« ist für mich damit noch nicht erklärt. Wir wissen zwar, daß der Durchlauferhitzer die Wassermoleküle in eine andere Schwingung versetzt, aber warum sind diese bereit, anders zu schwingen?

Warum können wir auf dem Fernsehschirm »lebende« Menschen sehen und hören? Das Fernsehgerät besteht aus technischen Teilen, die einzeln für sich genommen »tote Materie« sind. Und dennoch sind diese Teile in der Lage, den Eindruck hervorzurufen, als bewegten sich auf dem Bildschirm lebende Menschen. Das Fernsehbild ist so natürlich, als würde es sich um die uns bekannte Realität handeln. Denken Sie in diesem Zusammenhang einmal über ein Videogerät nach. Auf dem Videoband, bestehend aus einem Kunststoffmaterial mit Magnetspänen, sind »lebende Menschen« gespeichert, die jederzeit in ihrer Lebendigkeit abgerufen werden können. Sie sind vorhanden in Form von Metallteilchen! Aus diesen Metallteilchen entstehen mit technischer Hilfe lebende Bilder, in etwa so, wie aus einem Samenkörnchen ein Baum oder eine Blume wächst.

Was befähigt uns zu solchen Erfindungen?

Jeder Erfinder hat zuvor eine Vision von dem, was er erfinden möchte. Er konstruiert zum Beispiel ein Fernsehgerät in der Absicht, lebende Bilder sichtbar zu machen. Die Vision des Erfinders, sein Bewußtsein, das er in die Erfindung einbringt, ist die eigentliche Ursache für deren Funktion. Dies beschreibt einen Teil des göttlichen Schöpfungsvermögens, das uns Menschen zugestanden wurde.

Den Begriff »Vision« definieren Lexika auch als »Urbild« und »göttliche Offenbarung«. Diese beiden Definitionen bezeichnen treffend die wahre Ursache aller Dinge: die geistige Vision, aus der etwas erschaffen wird. Das geistige Urbild oder die Idee, die ein Mensch als schöpferische Offenbarung erfährt, enthält bereits die Funktionstüchtigkeit. Das ist die wahre Ursache aller später mit unseren Sinnen erfaßbaren Phänomene, während die intellektuellen Erklärungen unseres begrenzten Verstandes nur die wiederholbaren Wirkungen beschreiben, aber nicht die wahre Ursache.

Denken Sie einmal darüber nach, meditieren Sie darüber, und Sie erfahren aus Ihrem Inneren, daß die Kraft unseres Schöpfers die wahre Ursache dafür ist, daß es etwas gibt und daß es funktioniert.

Was können Sie daraus lernen?

Alles, was Sie sind, was Sie umgibt, was Sie mit Ihren fünf Sinnen erfassen können, ob gut oder schlecht, beruht auf der Wirkung einer Vision. Jeder Gedanke enthält die Ursache für die sich langsam oder schnell entfaltende Wirkung. Ihre Gedanken und Gefühle sind Visionen, existente, geistige Realität, die sich später materialisiert. Das Bewußtsein ist die wahre Ursache aller Ereignisse. Es erschafft Ihre persönliche und unsere gemeinsame Realität.

Solange wir Menschen das nicht verstehen, kann sich unsere Welt nicht wesentlich zum Guten verändern.

Wenn in unserem Bewußtsein die Möglichkeit von Krieg, Armut, Krankheit, Mißerfolg weiterlebt, ist die Ursache, die Energie oder Kraft zur Verursachung derartiger Erfahrungen aktiviert.

Eine Veränderung unserer Realität kann nur durch eine Veränderung unseres Bewußtseins erfolgen. Ändern Sie Ihr Bewußtsein. Erleben Sie die Verursachungskraft Ihres Bewußtseins. Wenn Sie tatsächlich erlebt haben, daß Ihre Visionen die Ursache Ihrer Realität sind, dann kennen Sie die Ursache aller Ereignisse aus eigener Erfahrung und finden auf diesem Weg zu sich selbst, zum Ursprung der Schöpfung zurück.

Die Welt braucht visionär denkende Menschen

Visionär denkende Menschen sichern das Überleben der Menschheit. Je mehr Menschen die wahre Ursache aller Ereignisse verstehen und ihr Leben nach ihrem Wunsch und zum Nutzen aller gestalten, desto schneller wird dieses Wissen anderen zugänglich. Stets hat sich das am schnellsten verbreitet, was andere Menschen vorgelebt haben, was sichtbar und mit unseren normalen Sinnen faßbar war. Schon in der Bibel steht: »An den Früchten sollt ihr sie erkennen.«

Ich kann die Welt nicht verändern. Aber wenn man einige Menschen dazu bewegen kann, ihr Leben, ihre Denkgewohnheiten zu überprüfen und sich dem visionären Denken vorbehaltlos zu öffnen, dann wird sich ihr Leben nachhaltig ändern. Sie werden dazu beitragen, daß unsere Welt harmonischer wird, denn die Früchte, die diese Menschen ernten, heißen Erfolg und Zufriedenheit − ein sichtbarer Ansporn für alle anderen.

Öffnen Sie sich dem visionären Denken. Unsere Welt braucht erfolgreiche, glückliche Menschen, und ganz besonders braucht sie Menschen, die ihre Erfahrungen aus einer Ebene des Verständnisses beziehen, die als die schöpferische Ebene zu bezeichnen ist. Visionäres Denken kann Sie von individuellen Standpunkten weg-, zu einer Bewußtseinsebene des All-Einen hinführen. Aus diesem All-Einen entspringt die Wirkung des visionären Denkens. Wer erlebt, daß ihm durch visionäres Denken kosmische Hilfe in hohem Maße zuteil wird, verliert seinen Egoismus. Ein solcher Mensch weiß, was er zur Vollendung der Schöpfung beitragen kann, an welchem Platz er auch stehen mag. Durch die Erfolge seiner visionären Denkweise wird er stärker zur Urkraft, zur Schöpfungsvision, zurückfinden. Intuitiv wird er zu einem Menschen, der sich um die Fortentwicklung der Schöpfung bemüht und zur Verbreitung des Guten beiträgt.

Doch zuerst soll Ihnen im folgenden klar werden, was es bedeutet, ein visionär denkender Mensch zu sein, und wie man dieses Ziel erreichen kann. Dann wird sich Ihr Denken allmählich umstellen, wobei Sie Ihre ganz persönlichen Erfahrungen machen werden.

Sollten Sie einmal mutlos werden, führen Sie das auf den anfangs immer noch vorhandenen Einfluß des »traditionellen Denkens« zurück. Jeder Weg birgt Hindernisse, die vorübergehend Probleme verursachen, und das ist die Grundvoraussetzung für jede Weiterentwicklung: Der Weg ist das Ziel; darin liegt der tiefere Sinn unseres Daseins.

2. Kapitel

Die Methode des visionären Denkens verstehen und Vertrauen dazu entwickeln

Wie praktiziert man visionäres Denken?

Sie können das visionäre Denken jeden Tag ausüben. Nach und nach erfahren Sie die sich steigernde Wirkung. Sie brauchen ein wenig Ausdauer, denn Sie müssen Ihr gewohntes Denken durch eine neue Art des Denkens ablösen. Das dürfen Sie nicht vergessen, wenn Sie Ergebnisse erzielen wollen.

Prägen Sie sich die folgenden Punkte ein, die sich mit der Praxis des visionären Denkens beschäftigen. Sie müssen die Ursachen für die Wirkung von Visionen nicht verstandesmäßig begreifen, um visionäres Denken zu praktizieren, genausowenig wie Sie zum Fernsehen einen Techniker brauchen. Sie sollten sich lediglich mit diesen Punkten vertraut machen, deren Erkenntnis Sie zum Verständnis der folgenden Kapitel benötigen.

1. Visionäre Gedanken schaffen die subjektive Voraussetzung für Erfolg und Zufriedenheit. Sie konditionieren Ihr Bewußtsein und Ihre Wahrnehmungsfähigkeit. Visionäre Gedanken bauen Energiekraftfelder auf, die entsprechende Realitäten verursachen.

2. Visionäre Gedanken bewegen Energie in subjektiven Dimensionen; sie sind eine Art Anweisung, wie reine Energie sich zu verhalten hat, wie sie sich teilen, welche Verbindungen sie eingehen soll, um sich zu dem zu materialisieren, was der Vision entspricht.

3. Der Schöpfungsprozeß, der durch Gedankenvisionen in Gang gebracht wird, unterliegt nicht den Begrenzungen von Raum und Zeit. Er findet in Dimensionen statt, die uns mit unseren normalen Sinnen nicht zugänglich sind. Versuchen Sie daher nicht, diesen Schöpfungsprozeß zu verstehen! Vertrauen Sie dem Schöpfer, ihm ist nichts unmöglich.

4. Ist der Schöpfungsprozeß in Gang gekommen, wirkt er zielgerichtet. Alle Kräfte, die zur Materialisierung beitragen

können, werden mobilisiert. Verlassen Sie sich vertrauensvoll auf diese Kraft, auch dann, wenn Ihnen die Wege der Materialisierung nicht klar sind. Beteiligt sind häufig unsere Intuition und Zufälle, die uns das zukommen lassen, was der Materialisierung dienlich ist.

5. Sie müssen lernen, diesem Schöpfungsprozeß auch dann zu vertrauen, wenn Ereignisse eintreten, die uns normalerweise als Rückschläge, Anzeichen für Nichtgelingen oder als Fehler erscheinen mögen. Das sind Prüfungen Ihres Vertrauens. Geprüft wird, ob Sie sich für die übergeordnete Schöpfungsmacht oder für Ihr eigenes »Besserwissen« entscheiden. Sie treffen damit die Wahl, ob Sie geschehen lassen (»Dein Wille geschehe«), oder ob Sie mit Ihren begrenzten Fähigkeiten (»Was ich will, muß geschehen«) die Verwirklichung erreichen wollen.

6. Sie müssen offen sein und voller Erwartung, um Zeichen und Wege als Chancen erkennen und nutzen zu können. Dieser Punkt erfordert ein wenig Übung. Aber im Laufe der Zeit werden Sie den Prozeß besser verstehen und sich immer stärker innerlich führen lassen.

Lesen Sie diese sechs Punkte mehrmals intensiv durch. Sie stärken damit das absolute Vertrauen, das unbedingt erforderlich ist. Sie verstehen die Welt dadurch auch auf einer tieferen, unbewußten Ebene.

In den nächsten Kapiteln lesen Sie, wie Sie Visionen entwickeln und damit arbeiten, so daß alles Realität werden kann, was Ihren Erfolg und Ihre Zufriedenheit fördert. Beispiele demonstrieren die Wirksamkeit visionären Denkens. Sie liefern Beweise für Ihren Intellekt, um die tief verwurzelten Krusten begrenzten Denkens aufzulösen.

Frei zu sein von den selbst auferlegten Grenzen im Denken ist oberstes Ziel.

Visionen entwickeln

Bedenken Sie, bevor Sie eine Vision entwickeln, welcher bedeutungsvollen Aufgabe Sie sich widmen. Was bei einem Spielfilm das Drehbuch ist, so stellt Ihre Vision die Beschreibung dessen dar, was später Realität wird. Gehen Sie nicht leichtsinnig mit dieser Kraft um, denn Sie werden erleben, daß alles Wirklichkeit wird, was Sie auf diesem Wege anstreben. Lassen Sie bei dieser Arbeit Ihre größtmögliche Sorgfalt walten.

Bevor Sie nun praktisch beginnen, Ihre erste Vision zu formulieren, beachten Sie folgende Bedingungen:

1. Was soll Realität werden?

Sie müssen volle Klarheit darüber gewinnen, was Sie sich genau als Ergebnis vorstellen. Denken Sie dabei noch nicht an die Möglichkeiten und Wege, wie es Realität werden könnte. Es ist nicht Ihre Aufgabe, darüber nachzudenken. Sie würden sonst in die Vision schon Ihre Begrenzungen mit einbauen. Ihre Vision wird Realität werden, leichter aber ohne Begrenzungen!

Schreiben Sie den Endzustand dessen auf, was Sie als Ihre Realität erleben oder haben möchten; ganz genau, und mit möglichst vielen Detailangaben – ungefähr so, wie die Szene eines Spielfilms in allen Einzelheiten beschrieben wird:

Ihre Vision muß nicht nur die »Idee« Ihres Zieles oder Wunsches, also das Wesentliche, enthalten, sondern darüber hinaus auch die Gefühle und Stimmungen, die Sie mit dieser Realität verbinden.

Sie müssen immer, wenn Sie diese Vision lesen, über alle Ihre Sinne den Eindruck haben, daß das, was Sie lesen, schon Realität ist. Sie müssen allein durch das Lesen Ihrer Vision schon glücklich und zufrieden sein. Wenn Sie eine solche Vision aufgeschrieben haben, haben Sie vorerst alles getan, was Sie in diesem Stadium tun konnten.

2. Wie formulieren Sie wirkungsvoll?

Formulieren Sie die Sätze so, als wäre schon alles Realität. Beginnen Sie die Sätze möglichst häufig mit

- *ich bin . . .,*
- *ich habe . . .,*
- *ich besitze . . .,*

Beschreiben Sie Ihre Gefühle und Stimmungen so, wie Sie fühlen, wenn Ihre Vision Realität ist.

Fällt es Ihnen schwer, Ihre Gefühle und Stimmungen zu beschreiben, erkennen Sie daraus folgendes:

- Gegen Ihre Vision sprechen noch innere Widerstände Ihres Verstandes/Egos.
- Ihre Vision hat sehr wenig mit dem wahren Ausdruck Ihrer Seele zu tun. Hängen Sie Ihr Herz nur an Dinge, die wirklich bedeutsam für Sie sind, die Sie in der »Seele« berühren.
- Ihr Vertrauen in die Schöpfungskraft ist noch unzureichend. Sie fühlen sich noch von unserem Schöpfer und seiner allmächtigen Kraft getrennt.

Fassen Sie diese Hinweise nicht als unüberwindliches Hindernis, sondern als Herausforderung, als persönliche Aufforderung auf, an sich zu arbeiten. Geben Sie nicht auf – zum Aufgeben ist es immer zu früh!

Mit Visionen arbeiten

Ihre schriftliche Vision ist Ihr Drehbuch. Sie haben jetzt die Aufgabe, sich in Ihre Rolle einzulesen und einzufühlen. Je stärker Sie sich mit dem Inhalt der Vision identifizieren, desto schneller wird sie Realität werden. Sie müssen sozusagen mit Ihrer Vision zu einer unteilbaren Einheit verschmelzen.

Denken Sie einmal an hervorragende Schauspieler, die jede Rolle so überzeugend spielen, als seien sie selbst die Person, die sie darstellen. Wir identifizieren gute Schauspieler eher mit ihrer Rolle als mit ihrer wahren Persönlichkeit.

Sie müssen also zunächst einmal Ihre Rolle lernen. Das bedeutet, daß Sie Ihre Vision mindestens dreimal täglich lesen und dabei so real wie möglich den Endzustand Ihrer Vision fühlen und erleben. Benutzen Sie dabei alle Vorstellungskraft, die Sie aufbringen können. Sie müssen nicht unbedingt etwas vor Ihrem geistigen Auge sehen, aber Sie müssen Ihre Vision in Ihrer ganzen Persönlichkeit so erleben, als wäre sie in dem Augenblick Realität!

Verhalten Sie sich wie ein Schauspieler. Stellen Sie für den Moment Ihrer Übung alle alltäglichen Gedanken und Sorgen ab. Begeben Sie sich geistig in eine andere Welt. Später können Sie immer noch über Ihre Probleme nachdenken. Jetzt haben Sie keine Zeit dafür, wenn Sie Ihre Rolle überzeugend spielen wollen. Und je überzeugender Sie Ihre Vision während der Übung verkörpern, desto schneller wird sie Realität. Sie sollten alles so lebendig wie irgend möglich in allen Einzelheiten wahrnehmen. Ob Sie es vor Ihrem geistigen Auge visionär oder nur gefühlsmäßig wahrnehmen, ist nicht von Bedeutung. Wichtig ist das »Verschmelzen« mit dieser Vision.

Seien Sie sicher, daß die Schöpfungskraft Ihre Vision bereits bearbeitet und alle Kräfte in Bewegung sind, um die Materialisierung herbeizuführen. Erwarten Sie voller Zuversicht, daß dies so ist.

Seien Sie offen für alle Zeichen der grenzenlosen Kraftquelle. Notieren Sie vom Beginn Ihrer Visionsarbeit an alle Ideen, die Ihre Intuition Ihnen liefert, auch die verrücktesten. Beurteilen Sie noch nichts. Wenn Sie Intuition zum Handeln verspüren, handeln Sie sofort! Bedenken Sie, daß Ihre Vision auf die physische Ebene transformiert werden muß, damit sie in Ihr Leben treten kann. Darum kann die Erfüllung von überall her kommen, auch aus einer Richtung, aus der Sie es vielleicht nicht erwarten. Halten Sie Ihre Erwartung für alle Kanäle offen. Und freuen Sie sich ständig, denn Ihre Vision beginnt schon, sich zu materialisieren.

Die Schöpfungsmacht innerer Visionen

Unsere sichtbare Welt ist das Ergebnis unserer inneren Visionen. Wir können tatsächlich von unserem Inneren her unsere Welt verändern.

Unsere Gedanken und inneren Vorstellungsbilder verdichten sich zu Visionen, die sich als körperlich-materielle Realität aufbauen und sich als Wirklichkeit zeigen. Dies vollzieht sich über uns unbekannte Antriebe. Ein Gedanke ist gleichbedeutend mit Energie. Er setzt sich bereits in dem Augenblick, in dem er uns durch den Kopf geht, materiell um, indem er ins Universum hinauszieht, um als Realität zurückzukehren.

Die im menschlichen Organismus wirkenden »Chemikalien« wie etwa Enzyme sind nach unserer Kenntnis zwar stofflicher Art, aber die sie antreibende Kraft ist Vitalenergie. Diese Vitalenergie verfügt über alle notwendigen Antriebskräfte, um jeden Gedanken oder jede Vision in materielle Tatsächlichkeit umzusetzen. Dieses Schöpferprinzip, dessen wir uns tagtäglich bedienen, ist uns kaum bewußt. Unsere inneren Gedanken und unsere Visionen sind sozusagen die Funken, die die Umsetzung in Gang bringen.

Jeder Gedanke und jede Vision ist in uns zunächst nur geistig vorhanden. Dann aber werden diese von Vitalenergie angetriebenen Visionen sozusagen entfacht und zur Materialisierung gedrängt.

Unser physisches Sein strahlt alles, was geistig in uns vorhanden ist, an die Außenwelt ab. Die verschlüsselten Anweisungen und Informationen erreichen die Stellen, die sie erreichen sollen. Die körperlich-materielle Umwelt ist ebenso ein Teil von uns wie unser Körper. Was unser physisches Wesen nach außen strahlt, ist aus demselben Stoff aufgebaut wie alles Sichtbare um uns herum. Der Unterschied ist nur, daß die Masse alles Sichtbaren dichter ist. Wenn die Masse dicht genug ist, erkennen wir sie als sichtbare Realität; Masse geringerer Dichte ist für uns nicht wahrnehmbar. Das bedeutet aber nicht, daß für uns nicht Wahrnehmbares nicht existent ist.

Jeder Nerv und jede Fiber unseres Körpers verfügen über einen inneren Sinn, den wir nicht sehen können. Dieser dient dazu, das innere Selbst mit der körperlichen Realität zu verbinden, und verleiht dem inneren Selbst die Fähigkeit, Körperlich-Materielles zu erschaffen.

Über die Jahrhunderte hinweg haben viele Menschen den Zusammenhang zwischen Geist und Materie erkannt. Doch viele Fragen stehen noch offen. Wir wissen zuwenig über unsere Vernetzung mit allem, was ist. Wir wissen zuwenig über die geistige Energie, die wir in uns haben, die wir ausstrahlen und ständig nutzen.

Visionsarbeit als Lernprozeß für den Umgang mit Schöpfungsenergie

Wir müssen lernen, unsere inneren Visionen, die wir aufgrund unserer Wünsche und Gefühle schaffen, genau anzuschauen. Denn als denkende Menschen lassen wir unserer Visionskraft viel zuviel Freiheit. Lernen Sie, diese Kraft in den Dienst Ihrer Wünsche zu stellen. Wie Sie wissen, sind Ihre Lebensumstände und Ihre Umgebung nur das unmittelbare Ergebnis Ihrer eigenen inneren Visionen.

Herrschen traurige Visionen in Ihnen vor, fürchten Sie um Ihre Gesundheit oder fühlen Sie sich einsam, dann werden sich diese Visionen unfehlbar verwirklichen, denn Sie haben dafür die Bedingungen geschaffen. Wünschen Sie sich jedoch Gesundheit und Wohlbefinden, dann stellen Sie sich das lebhaft und möglichst in Form von Visionen vor, damit Sie diese Erfahrung tatsächlich erleben. Insbesondere, wenn Sie von Angst oder Traurigkeit heimgesucht werden, müssen Sie die positiven Visionen sofort wachrufen und wieder mit ihnen arbeiten.

Alle unsere Schwierigkeiten schaffen wir uns selbst. Der physische Zustand wird nach außen projiziert und schlägt sich in der materiellen Wirklichkeit nieder. Erkennen wir dieses Prinzip, können wir es zu unserem Nutzen einsetzen und zu unseren Bedingungen verändern, sobald wir die Kraft unserer Visionen erkennen.

Auch Sie können Ihren Geistes- und Gefühlshaltungen nicht entfliehen, denn sie bestimmen, was Sie sehen. Sie sehen, ganz wörtlich genommen, das, was Sie sehen wollen. Wenn ein Wechsel zu anderen Lebenserfahrungen stattfinden soll, müssen Sie zunächst die entsprechenden Visionen erarbeiten und geistig und gefühlsmäßig in Ihrem Inneren verankern. Nur Ihre inneren, unbewußten Visionen zeigen sich später als Lebenserfahrung. Wenn ein Mensch in der materiellen Welt nur das Schlechte und das Elend sieht, dann deshalb, weil er innerlich von dem Schlechten und Elenden besetzt ist, dies nach außen abstrahlt und seine Augen vor allem anderen verschließt. Die innere Vision aber wird Wirklichkeit!

Wenn Sie wissen möchten, was Sie von sich selbst denken, dann fragen Sie sich, was Sie über andere denken. Andere Menschen spiegeln immer unsere innere Einstellung wider. Denken Sie an folgendes Beispiel: Ein sehr fleißiger Mensch glaubt, die meisten anderen Menschen seien faul und nichtsnutzig. Niemand würde von sich selbst denken, er sei faul und nichtsnutzig, und doch kann genau dies das Bild seines eigenen Unterbewußtseins sein, gegen das er ständig ankämpft. Das alles spielt sich ab, ohne daß er seine mißratene Vision erkennt. Er ist sich nicht bewußt, daß er seine gefürchteten inneren Schwächen nach außen auf andere projiziert.

Wahre Selbsterkenntnis der eigenen inneren Visionen ist unbedingt nötig für Gesundheit und Vitalität. Sie müssen entdecken, was Sie unbewußt von sich selbst halten. Ist es eine gute Vision, bauen Sie darauf auf. Ist es keine gute Vision, erkennen Sie, daß dies nur die derzeitige Vision ist, die Sie selbst gebildet haben, aber keineswegs eine unabänderliche Tatsache. Sie wissen doch: Sie können die Visionen entwickeln und zu Ihrer inneren Einstellung machen, die das zur Realität erwachen lassen, was Sie wünschen. Es liegt nur an uns selbst. Wir schaffen uns unsere Realität!

Es ist nicht gut, negative Gedanken und Gefühle wie Angst, Ärger oder Haß einfach zu unterdrücken. Es ist vielmehr richtig, solche Gedanken und Gefühle als eigene Vision zu erkennen und sich selbst deutlich zu machen. Nur so lassen sich diese Zustände überwinden und durch lebensbejahende Visionen ersetzen. Anstatt diese destruktiven inneren Anwandlungen zu unterdrücken, versuchen Sie, die innere negative Vision zu erkennen und sich ihrer zu erinnern. Sie sollten sich vorstellen, wie Sie diese Vision an ihren Wurzeln ausreißen. Sie können sich den Vorgang des Ausreißens auch bildhaft vorstellen. Sehen Sie die Arbeit mit dieser bildhaften Vorstellung als positives Handeln an.

Darin besteht der Unterschied: Positives Handeln, nicht schädliches Unterdrücken! Wenn Sie Ihre inneren negativen Visionen unterdrücken, kehren Sie sie unter den Teppich, und sie bleiben unbeachtet. Aber sie werden sich verwirklichen. Haben Sie sie aber in der Vorstellung als etwas Unerwünschtes ausgerissen, erlangen Sie inneren Frieden und können frei Ihre wahren positiven Energien entfalten.

Wünschen Sie sich Erfolg und Gesundheit; Sie sollten sich nicht mit Krankheit und Mißerfolg beschäftigen. Denn jede geistige Konzentration auf einen Zustand des Mangels oder der Krankheit kann diesen nur verstärken, denn Sie denken immer visionär, ob es Ihnen bewußt ist oder nicht.

Leben bedeutet Fülle, Vitalität und Kraft. Jeder von uns verfügt über die nötigen Mittel, sich gegen alle negativen Einflüsse zu verteidigen. Wir sollten viel stärker auf die Unversehrtheit, auf die Vollkommenheit unseres wahren Wesens vertrauen.

Wir sollten offen für alle unsere Gedanken und Gefühle sein und sie zulassen. Verstehen Sie aber zugleich: Wir sind nicht unsere Gedanken und nicht unsere Gefühle. Wir sind nicht, was wir fühlen. Wir haben Gefühle und Gedanken, so wie wir zum Frühstück Eier haben, aber wir sind nicht die Eier, wir sind von unseren Gedanken und Gefühlen ebenso unabhängig wie von Eiern und Speck. In unserem physischen Zuhause bedienen wir uns des Specks und der Eier und in unserem geistigen oder seelischen Zuhause bedienen wir uns unserer Gedanken und Gefühle. Aber wir identifizieren uns doch nicht mit einem Stück Speck, oder? − Identifizieren Sie sich nicht mit Ihren Gedanken und Ihren Gefühlen. Wenn Sie in sich selbst Barrieren errichten und Türen verschließen, sperren Sie Ihre Gedanken und Gefühle ein, als würden Sie in einem Eisschrank Tonnen von Speck horten und sich dann wundern, warum für nichts anderes mehr Platz bleibt.

Die Wissenschaft auf dem Weg zum visionären Denken?

Oft habe ich über die Ursache unserer eigenen Realität nachgedacht und nach einfachen Erklärungen gesucht.

Schauen Sie sich das folgende Schaubild an. Ich bin davon überzeugt, daß unsere gedanklichen Visionen Energien sind, die mit anderen Energien in Kommunikation stehen − Energien, die aufeinander reagieren. Die Verkettung dieser Reaktionen hat als letztendliches Ergebnis die materielle Realität zur Folge. Das heißt: Unsere Gedanken bewegen sich als Energieteilchen durch das Universum, um mit anderen Energieteilchen in Verbindung zu treten. Die Verbindung ist eine kosmische Kommunikation und führt zu Entscheidungen und geändertem Verhalten der daran beteiligten Energieteilchen. Diese formieren sich, verwandeln sich solange in andere Energieformen, bis eine so dichte Energieform erreicht ist, daß wir sie in ihrer physischen Realität wahrnehmen.

In der modernen Physik sind Wissenschaftler auf ein Phänomen gestoßen, das dieser sehr vereinfachten Erklärung ähnlich ist: Materie trifft Entscheidungen.

Bei wissenschaftlichen Versuchen zur Entwicklung der Quantenmechanik wiesen Daten darauf hin, daß »subatomare Partikeln« (sehr feinstoffliche Energieteilchen) anscheinend ständig Entscheidungen treffen. Dazu Gary Zukav in *Die tanzenden Wu Li Meister*:

> *Darüber hinaus beruhen die Entscheidungen, die sie zu treffen scheinen, auf Entscheidungen, die woanders getroffen werden. Subatomare Teilchen scheinen augenblicklich zu wissen, welche Entscheidungen woanders getroffen werden, und dieses »woanders« kann in einer anderen Galaxis sein! Das Schlüsselwort ist augenblicklich. Wie kann ein subatomares Teilchen hier wissen, welche Entscheidung ein anderes Teilchen dort drüben getroffen hat, zur gleichen Zeit, da das Teilchen hier die Entscheidung*

Welchen Endzustand Sie auch immer in einer Vision formulieren, er reist als Gedankenenergie ins Universum hinaus und kommuniziert mit anderen Energieteilchen. Energieteilchen formieren und verwandeln sich solange, bis eine Energieform erreicht ist, die so dicht ist, um in unserer physischen Realität als Ereignis wahrgenommen werden zu können.

UNSERE GEDANKEN WERDEN REALITÄT!

subatomare Ebene

atomare Ebene

sichtbare Ebene

Aufträge

MATERIALISATION

70

trifft? Alle Informationen über subatomare Teilchen, die wir besitzen, strafen den Umstand Lügen, daß Quanten-Partikeln wirklich Partikeln sind.

Eine Partikel, wie wir sie uns vorstellen (klassisch definiert), ist ein Ding, das auf einen Ort im Raum beschränkt ist. Es breitet sich nicht aus. Es ist entweder hier oder es ist dort, aber es kann nicht gleichzeitig hier und dort sein.

Eine Partikel hier kann sich mit einer Partikel dort drüben verständigen (durch Rufen, Senden eines Fernsehbildes, Winken usw.), aber eine solche Übermittlung von Informationen benötigt Zeit, und wenn es nur Millisekunden sind. Befinden sich die beiden Partikeln in verschiedenen Galaxien, kann es Jahrhunderte dauern, bis die Information vom Sender zum Empfänger gelangt ist. Um zu wissen, was da drüben vor sich geht, während es geschieht, muß eine Partikel drüben sein. Aber wenn sie da drüben ist, kann sie nicht hier sein. Wenn sie an beiden Orten gleichzeitig ist, ist sie keine Partikel mehr.

Das heißt, daß Partikeln vielleicht gar keine Partikeln sind. Es heißt auch, daß diese vermeintlichen Partikeln mit anderen Partikeln auf eine dynamische und innige Weise zusammenhängen, die mit unserer Definition vom Organischen übereinstimmt.

Manche Biologen glauben, daß eine einzelne Pflanzenzelle die Fähigkeit in sich trägt, die ganze Pflanze zu reproduzieren. Eine ähnliche Perspektive eröffnet die philosophische Folgerung der Quantenmechanik, daß alle Dinge im Universum (wir eingeschlossen), die unabhängig voneinander zu existieren scheinen, in Wirklichkeit Teile einer allumfassenden organischen Struktur sind und daß kein Teil dieser Struktur je wirklich von ihr oder anderen Teilen getrennt existiert.

Gary Zukar erläutert damit den Prozeß der Erschaffung von Realität.

Wir sollten lernen, Vertrauen zu unserem Schöpfer und zu uns selbst, zu unserer Schöpferkraft zu entwickeln.

Von körperlicher zu seelischer Arbeit

Die meisten Menschen sind immer noch der Ansicht, Wünsche, Gedanken, Ideen, Vorsätze und Ziele seien rein »geistige« Dinge. Deshalb glauben sie, denken zu können, was sie wollen; anstreben zu können, was ihnen gerade einfällt, und Vorstellungen pflegen zu können, wie sie ihnen gerade in den Kopf kommen. Sie glauben, daß diese rein »geistigen« Dinge keinen Einfluß auf ihr Verhalten, ihr Fühlen und Handeln und die daraus folgenden Lebenserfahrungen haben.

Dieser Glaube ist grundlegend falsch. Die Wirkung von Gedanken, Wünschen, Vorstellungen, Vorsätzen und Zielen wird deutlich, wenn wir sie sowohl auf der geistigen als auch auf der seelischen Ebene unabhängig voneinander betrachten.

Wer auf Dauer in allen Lebensbereichen erfolgreich und glücklich leben will, muß über ein möglichst hohes Maß an Selbsterkenntnis verfügen. Dazu ist Kenntnis über die unterschiedlichen Wirkungsweisen der geistigen und der seelischen Ebenen erforderlich.

Aber wo wird dieses Wissen gelehrt? Alle Bildungsangebote sind auf die geistige Ebene ausgerichtet. Haben wir schon einmal Gelegenheit gehabt, über die seelische Ebene, ihre Funktionsweise und die daraus resultierenden Wirkungen etwas zu erfahren, was uns wirklich praktischen Nutzen verspräche? Klar ist uns, daß es mehr zwischen Himmel und Erde gibt, als wir gemeinhin annehmen. Betrachten wir nun einmal die Erfolge vieler bekannter, sehr unterschiedlicher Persönlichkeiten einmal näher. Es gibt geistig hochentwickelte Persönlichkeiten und relativ ungebildete Menschen, die große Erfolge in ihrem Leben verwirklichen konnten. Bei intelligenten Menschen ist Erfolg leichter vorstellbar. Warum aber haben auch relativ ungebildete Menschen große Erfolge? Welche Kraft wirkt bei ihnen? Wissen diese Menschen vielleicht unbewußt mehr über die Funktionsweise der seelischen Ebene? Verhalten sie sich unbewußt so, daß sie statt geistiger Arbeit, für die sie die notwendigen Voraussetzungen nicht mitbringen, verstärkt seelische Arbeit leisten? – Liegt hier ein Geheimnis ihres Erfolges?

Auch Sie können jeglichen Erfolg ermöglichen, wenn Sie Ihre geistige Arbeit rationalisieren und Ihre seelische Arbeit aktivieren. Sie müssen zunächst aber die Unterschiede der Funktionsweisen der geistigen Ebene und der seelischen Ebene erkennen. Daraus können Sie großen Nutzen ziehen.

Die Abbildung auf Seite 74 zeigt die drei Ebenen, aus denen sich jede menschliche Aktivität zusammensetzt. Sie sehen, daß der Energieeinsatz (dargestellt durch die Pyramide) nach oben hin abnimmt. Mit weniger Energieaufwand werden die gleichen Ergebnisse erzielt.

Die gleiche Arbeit, die körperlich ausgeführt viel Energie erfordert, kann auf geistiger Ebene so gelöst werden, daß sie mit weniger Energieaufwand erledigt werden kann. Wurde zunächst auf geistiger Ebene für eine körperliche Arbeit eine Maschine entwickelt, führt künftig die Maschine die körperliche Arbeit aus. Der Mensch wird in seinem Energiehaushalt entlastet und frei für eine bessere Verwirklichung seines Lebens.

Ebenso können geistige Arbeiten mit weniger Energie ausgeführt werden, wenn sie auf der seelischen Ebene gelöst werden. Die dadurch gewonnenen Energiereserven können wiederum zur besseren Entfaltung des Lebens genutzt werden.

Nachstehend eine kurze Zusammenfassung der grundlegenden Unterschiede zwischen den verschiedenen Ebenen:

Die körperliche Ebene

Handlungsebene des Verstandes. Alle Handlungen erfolgen aufgrund innerer Glaubensüberzeugungen, die durch Erfahrung, Beurteilung äußerer Gegebenheiten, Wissensfähigkeit und Reaktionsmuster geprägt sind.

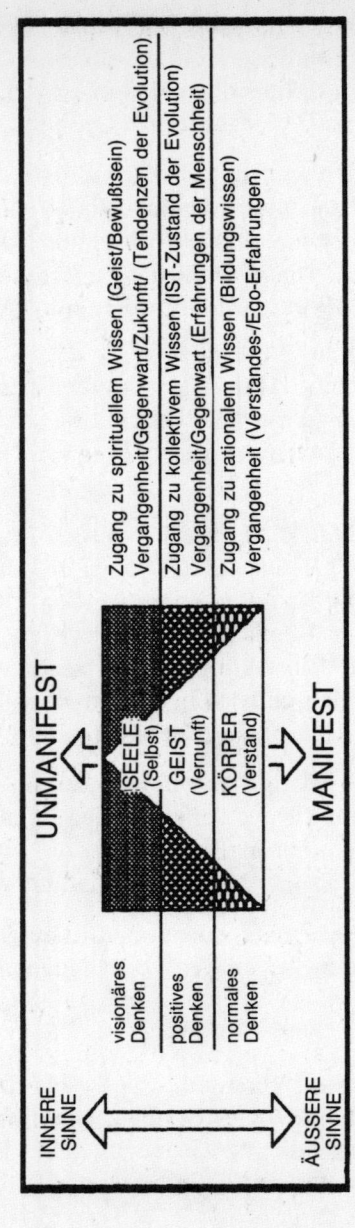

INNERE SINNE

ÄUSSERE SINNE

visionäres Denken

positives Denken

normales Denken

UNMANIFEST

MANIFEST

SEELE (Selbst)

GEIST (Vernunft)

KÖRPER (Verstand)

Zugang zu spirituellem Wissen (Geist/Bewußtsein) Vergangenheit/Gegenwart/Zukunft/ (Tendenzen der Evolution)

Zugang zu kollektivem Wissen (IST-Zustand der Evolution) Vergangenheit/Gegenwart (Erfahrungen der Menschheit)

Zugang zu rationalem Wissen (Bildungswissen) Vergangenheit (Verstandes-/Ego-Erfahrungen)

Fazit: Wissen und Erfahrung sind dominant.
Wachheit für äußere Gegebenheiten.
Begrenzung durch Glaubensüberzeugungen.

Die geistige Ebene

Handlungsebene der Vernunft. Handlungen und Entscheidungen orientieren sich am Erkenntniswunsch nach den tieferen Zusammenhängen. Die geistige Tätigkeit bezieht sich nicht nur auf das Erkennen äußerer Tatsachen und Faktoren, sondern auch auf innere, hilfreiche Ahnungen und Einsichten für ursächliche Zusammenhänge. Geistige Aktion verursacht eine Reaktion.

Fazit: Gespür für Chancen und Tendenzen ist dominant.
Wachheit für Gedankenkräfte und innere Fähigkeiten.
Suche nach unsichtbaren Lösungen und Möglichkeiten sowie Wahrscheinlichkeiten.
Entfaltung der inneren Fähigkeiten.

Die seelische Ebene

Handlungsebene des Selbst. Handlungen und Entscheidungen richten sich nach der Gewißheit der inneren Wirkkräfte, die Chancen und Lösungswege für alle Probleme ermöglichen. Mentale Energiemuster entstehen und organisieren im subatomaren Bereich entsprechende Verwirklichungstendenzen. Lösungen werden durch Intuition bewußt oder fallen einem zu, was anderen als Zufall erscheinen mag. Das Selbst ist in Aktion, während der seelisch arbeitende Mensch für die Transzendenz durch Reaktion sorgt.

Fazit: Selbstbewußtsein und innere Führung sind dominant.
Gewißheit für innere Wirkkräfte, Chancen und Lösungsmöglichkeiten.
Schöpfung und Unterstützung subatomarer Verwirklichungstendenzen.
Schaffung eigener Lebensrealitäten.

Es liegt an Ihrer seelischen Arbeit, die Sie verbessern oder erstmals gezielt nutzen müssen, damit Sie mehr von dem erreichen, was Sie erreichen wollen.

Visionäres Denken ist bewußt eingesetzte, seelische Arbeit. Bisher arbeiteten Sie seelisch nur unbewußt, deshalb kamen Ihnen einige Ereignisse in Ihrem Leben recht willkürlich vor. Sie glaubten aus Unwissenheit, daß bestimmte Ereignisse über Sie hereingebrochen seien. Irrtum! Die tieferen Schichten Ihres wahren Wesens waren sehr wohl daran beteiligt. Sie hatten sich nicht um seelische Arbeit bemüht und diesen Schichten Ihres Seins zuviel Freiheit gelassen. Durch die bewußte, seelische Auseinandersetzung mit Zielen schränken Sie diese Freiheit ein, Sie verbinden sich stärker mit Ihren seelischen Kräften, mit Ihrem wahren Sein, und nutzen dadurch diese Kräfte gezielter.

Sie verbinden durch vermehrt seelische Arbeit die bewußten und unbewußten Faktoren. Sie wissen, daß unser Universum nach den neuesten wissenschaftlichen Erkenntnissen durch das Paradoxon von gleichzeitigem *Sein* und *Werden* gekennzeichnet ist. Anders ausgedrückt: Auf der einen Seite der Pol des *Manifesten* und auf der anderen Seite der Pol des *Unmanifesten*. Beides zusammen bildet die wahre Realität.

Für die Lösung Ihrer Probleme gilt das gleiche. Sie haben ein Problem, feststellbar aufgrund von sichtbaren Faktoren. Gleichzeitig haben Sie aber auch die Lösung, die nur noch nicht sichtbar ist, weil unmanifest, die erst noch materialisiert werden muß. Aber sie ist bereits jetzt existent!

Wie können wir diese Lösung leichter, mit weniger Energieaufwand entdecken? Durch körperliche Arbeit, über unsere fünf Sinne, den Verstand? Oder durch geistig-seelische Arbeit, mittels Intuition und innerer Führung?

Ich beschäftige mich seit 17 Jahren mit den Fragen über die Macht unserer Gedanken. Das erste praktische Erlebnis, das ich hatte, als ich Methoden ausprobierte, war folgendes:

Ich hatte einen Werbebrief geschrieben, der eine Rücklaufquote von fast 15 Prozent erreichte. Alle, die sich mit Direktwerbung beschäftigen, wissen, daß dies sehr gut ist. (Derartige Rückläufe liegen gewöhnlich zwischen einem und fünf Prozent.) Etwas später mußte ich den Brief aus technischen Gründen leicht abändern. Der Erfolg: Nur etwa fünf Prozent Rücklauf, also im üblichen Bereich!

Ich konnte es kaum fassen, hatte ich doch zuerst so großen Erfolg gehabt. Ich schrieb mindestens 15 verschiedene, neue Versionen, aber keine brachte so großen Erfolg. Ich hatte alle Möglichkeiten der körperlichen Ebene genutzt.

Damals las ich gerade in einem Buch über positives Denken und erstmals wurde ich damit konfrontiert, die Lösung eines Problems dem Unterbewußtsein zu überlassen, indem man sich beim Schlafengehen gezielt darauf einstellt. Etwa so: Ich habe alles getan, um dieses Problem zu lösen, jetzt hilf mir dabei, liebes Unterbewußtsein, und zeige mir bis (. . Zeitangabe) die beste Lösung.« Dann sollte man einschlafen und die Lösung erwarten. Sie würde rechtzeitig kommen.

Diese Methode wollte ich unbedingt ausprobieren. Ich ging gegen 23.00 Uhr zu Bett und sagte: »Liebes Unterbewußtsein, ich habe alles getan, was ich tun konnte, bitte zeige du mir so schnell wie möglich eine Lösung.«

Nur ganze drei Stunden schlief ich. Länger benötigten meine geistig-seelischen Kräfte nicht für die Lösung. Gegen 2.00 Uhr morgens war ich hellwach. Ich stand auf und schrieb einen Text. Er floß aus mir heraus.

Ich wiederholte die Testaussendung und erzielte einen weit größeren Erfolg. Die Rücklaufquote lag bei fast dreißig Prozent!

Sie können sich vorstellen, wie mein Hunger nach weiteren geistig-seelischen Methoden durch dieses praktische Erlebnis wuchs. Zu der Zeit arbeitete ich noch nicht nach der Methode des visionären Denkens.

Die Beschäftigung mit dem visionären Denken wurde bei mir ebenfalls durch eine tatsächliche Begebenheit ausgelöst. In Büchern hatte ich über ähnliche Beispiele schon gelesen, aber ihnen schenkte ich nicht genug Vertrauen, um die Methode auszuprobieren.

Mein Freund Kurt, inzwischen schon seit über fünfundzwanzig Jahren selbständiger Inhaber einer Anzeigen- und Werbeagentur, beschäftigte in den Anfangsjahren einen Auszubildenden, der den Beruf des Werbegrafikers erlernte. Eines Tages rief er diesen Auszubildenden zu sich, um ihm zu sagen, er solle doch mal etwas anderes ins Berichtsheft schreiben, nicht immer nur diese Aufzählungen von ausgeführten Tätigkeiten. Er solle einmal schreiben, warum er den Beruf des Werbegrafikers erlerne und wie er sich seine Zukunft vorstelle.

Als ihm das Berichtsheft vorgelegt wurde, brach Kurt in lautes Gelächter aus. Da stand folgendes:

Den Beruf des Werbegrafikers lerne ich, weil ich glaube, daß man diese Kenntnisse immer gebrauchen kann. Es hat aber nichts mit meiner beruflichen Zukunft zu tun. Ich weiß ganz sicher, daß ich einmal Millionär werde, wenn ich auch nicht weiß, wann und wie, aber ich weiß es.

Die Geschichte ist hier zwar auf das Wesentliche gekürzt, enthält aber alles Notwendige. Sie verstehen sicher auch das Lachen meines Freundes Kurt, denn die Worte klangen wirklich wie die unrealistischen Wunschträume eines Jugendlichen. Aber Kurt sollte ungefähr 15 Jahre später eines Besseren belehrt werden.

Anläßlich einer Werbetagung in Hamburg traf er seinen ehemaligen Auszubildenden wieder. Sie hatten sich Jahre nicht gesehen. Und siehe da, sein Auszubildender war zwischenzeitlich tatsächlich Millionär geworden.

Sicher interessiert Sie nun, wie es dazu gekommen war. Das Überraschendste an dieser Geschichte ist, daß er keinen bewußten Einsatz geleistet hat, um Millionär zu werden. Seine Vision hatte sich völlig ohne objektives Vorgehen verwirklicht. Sie materialisierte sich langsam, aber sicher, und das auf Wegen, die eher das Gegenteil vermuten ließen.

Nach Abschluß seiner Lehre wechselte der Auszubildende öfter seine Stellung und landete eines Tages in Hamburg in einer sehr großen Werbeagentur. In Hamburg lernte er auch seine Frau kennen. Sie waren beide berufstätig, verdienten beide viel Geld, und es ging ihnen recht gut. Seine Frau entwarf und nähte Kleider für eine Boutique. Er engagierte sich in der Werbeagentur.

Plötzlich ging es schlagartig bergab. Seine Frau verlor ihre Beschäftigung in der Boutique. Er mußte auf Anraten seines Arztes seinen Beruf aufgeben, weil er dem Streß nicht mehr gewachsen war. Sie hatten beide vorher sehr gut verdient und konnten sich nun ihre teure Wohnung nicht mehr leisten. Sie suchten sich also eine neue, preiswerte Wohnung und fanden ein ehemaliges Ladengeschäft, das ihnen der Besitzer als Wohnraum vermieten wollte. Er machte nur eine seltsame Auflage: Sie sollten irgend etwas ins Schaufenster hängen. Der Vermieter glaubte, er könnte so seine Räume später wieder leichter als Laden vermieten.

Die neuen Mieter überlegten, was sie denn im Fenster ausstellen könnten, und sie entschieden sich für drei Kleider, die seine Frau einmal für die Boutique entworfen und geschneidert hatte. Es vergingen Monate, in denen die beiden sich mit ihrer verschlechterten finanziellen Situation abfinden mußten.

Eines Tages hing an der Tür eine Visitenkarte mit der Bitte um Anruf. Der ehemalige Auszubildende rief an, um festzustellen, was man von ihm wollte. Es meldete sich die Redaktion einer großen Modezeitschrift. Man fragte ihn, ob man für eine Reportage über ungewöhnliche, nicht überall erhältliche Mode die Kleider in seinem Schaufenster veröffentlichen dürfe. Er stimmte zu, vorausgesetzt, es entstünden ihm keine Kosten.

Dann wurde er gefragt, ob man seine Adresse angeben solle. Dies lehnte er ab; er stelle solche Kleider nicht her und verkaufe sie auch nicht.

Sie sehen, er tat nichts. Und dennoch sollte es ihn zum Millionär machen. Wochen nach der Veröffentlichung rief ihn die Redaktion der Modezeitschrift an und bat ihn, die Briefe abzuholen, die aufgrund des Artikels bei der Redaktion eingegangen waren. Seine Adresse war ja nicht genannt worden.

Er war neugierig und fuhr zur Redaktion. Dort traute er seinen Augen nicht. Über 15 000 Briefe waren eingegangen, 8 000 davon mit Bestellungen oder Fragen nach Kaufquellen. Es machte »Klick« bei unserem Auszubildenden. Er erkannte unbewußt seine Chance. Sofort fuhr er zu seiner Frau und fragte sie, woher er den Stoff beziehen könne. Sie nannte ihm die Großhandlung. Dort war der Stoff aber nicht mehr vorrätig, weil er inzwischen aus der Mode war. Er fuhr zur Weberei. Auch dort waren nur noch Restbestände vorhanden. Als er aber seinen Bedarf nannte, sagte man ihm, daß man den Stoff auch neu weben würde. Die Aktivitäten unseres ehemaligen Auszubildenden überschlugen sich. Er kümmerte sich um Lohnnähereien, die die Kleider nach seinen Vorlagen nähen sollten, und − nach drei Jahren war er tatsächlich Millionär. Seine Vision, die er als Jugendlicher in sein Berichtsheft geschrieben hatte, war auf seltsame Weise Realität geworden. Vielleicht, weil er seine Vision gedanklich »losgelassen« hatte, weil er »geschehen ließ«.

> *Geistig-seelische Arbeit ist wirkungsvoller und benötigt weniger Energie als körperliche Arbeit jeder Art.*

Lernen Sie aus dieser Geschichte etwas über die Wirksamkeit von Visionen. Warten Sie nicht solange, bis Ihnen ein Freund eine ähnliche Geschichte erzählt. Arbeiten Sie mit visionärem Denken und entwickeln Sie Ihre Visionen. Sie werden sich verwirklichen! Lernen Sie aus dieser Geschichte.

Auch wenn sich nicht gleich ein so spektakuläres Ergebnis zeigt wie in unserem Beispiel, lohnt sich die Arbeit mit Visionen. Denken Sie einmal darüber nach, wie sehr Ihr Leben sich schon verändern kann, wenn sich auch kleinere Alltagswünsche »wie von selbst« verwirklichen.

Kreativität: Ideen erkennen, Ideen produzieren

Ideen und Erfolgschancen besitzt jeder Mensch. Erfolgreiche Persönlichkeiten haben nur ihre Erfolgsideen entdeckt und zur sichtbaren Realität gemacht — durch ihr Denken, Fühlen und Handeln.

Woran liegt es, daß nicht mehr Menschen großartige Ideen und Chancen für den Erfolg in sich selbst entdecken und durch selbstsicheres Handeln realisieren?

> *Wer nur das Wirkliche gelten läßt — wie arm ist ein solcher Mensch in seiner Seele.*
>
> *Ludwig Ganghofer*

Wer sich nur auf die äußeren Realitäten konzentriert, ist überwiegend der Verstandesmensch. Er richtet sich nach den sichtbaren Wirkungen und Symptomen des Lebens, nicht aber nach den wahren Ursachen, die diese Wirkungen hervorrufen. So verwirklicht der Verstandesmensch nur Ideen, die sein begrenzter, ursachenblinder Verstand für realisierbar hält.

Großartige, erfolgreiche Ideen entstehen aber nur, wenn eine Verbindung zwischen Verstand und Intuition oder Inspiration vorhanden ist. Erst durch diese Kombination verlagert sich der Schwerpunkt unserer Wahrnehmungen von der bloßen Orientierung an Äußerlichkeiten auf unser wahres Wesen und unsere innere Fähigkeiten. Es werden fähigere Bewußtseinsschichten, die wir als unser höheres Selbst, als innere Führung bezeichnen, aktiviert. Diese innere Führung ist ursachensichtig und läßt wahre Selbsterkenntnis zu. Wir gelangen von der rein rationalen Steuerung zur inspirativen Lebenssteuerung. Dadurch erlangen wir eine kreativ-schöpferische Urteilsfähigkeit.

Es entwickelt sich Begeisterung aus innerem Antrieb. Selbstbegrenzung weicht dem Selbstvertrauen. Dadurch entsteht die Erkenntnis, daß Sie selbst über alles verfügen, was ein Mensch braucht, um erfolgreich zu sein. Sie werden unabhängig von den Meinungen und Begrenzungen anderer und können nun Ihr Leben selbstsicher gestalten. Ihre Kreativität entwickelt Ideen, die für Sie wertvoll sind, die Ihre Begeisterung entfachen, innere Fähigkeiten auslösen und so zielsicher realisiert werden können.

Ihre verwirklichten Ideen verkörpern die unbegrenzten Schöpferkräfte, die durch Ihr Selbstvertrauen Ausdruck fanden. Dies entspricht der Schöpfungsvision, denn unser Schöpfer sucht seinen Ausdruck durch strahlende, selbstbewußte Menschen, die seine Schöpfungskräfte sichtbar machen.

Der Schlüssel zum Erfolg: Selbstvertrauen

Wollen Sie Karriere machen und außergewöhnliche Erfolge erzielen?

Warum sollten Sie nicht mehr erreichen, als andere Ihnen zutrauen? Entwickeln Sie Ihr Selbstvertrauen, Ihr Vertrauen in Ihr *Selbst*, und Sie haben sich mit einer Erfolgskraft verbündet, der nichts unmöglich ist.

> *Jeder ist in seinem Innersten mit dem All verbunden, das in ihm gegenwärtig ist. Wir nennen diesen zentralen Wesenskern das Selbst.*
> *Wann immer wir etwas wünschen, uns mit ganzem Herzen darauf konzentrieren, nach seiner Verwirklichung streben und den Erfolg bejahen, strömen Kräfte des Alls in uns ein, die uns bei der Realisierung helfen. Jeder kann, solange er das Gute will und tut, dieser Hilfe teilhaftig werden. Sie bedient sich unsrer positiven Gedanken und Gefühle als Träger und führt uns eben das zu, was die Verwirklichung ermöglicht.*
>
> *Henry Ford*

Wenn Sie Ihr Denken beherrschen, beherrschen Sie Ihre Erfahrungen. Wenn Sie Ihre Gedanken bestimmen, bestimmen Sie Ergebnisse.

Der Erfolg liegt näher, als Sie denken. Tatsächlich ist er das, was Sie denken. Denken Sie: »Ich bin selbstbewußt, und darum steht mir durch mein Selbst jene Kraft zur Verfügung, die mich das erreichen läßt, was ich will.«

Das wahre Selbst ist seit jeher vollkommen, und es ist die Aufgabe des Menschen, zu diesem wahren Selbst zurückzufinden. Wir müssen in unser Leben hineinwachsen. Täglich haben wir etliche Prüfungen zu bestehen, die wir meistern müssen. Wachsen können wir aber nur, wenn wir an uns arbeiten und uns nicht einfach treiben lassen.

Darum müssen wir unsere innere Einstellung zum Leben überprüfen. Wir können nur das erleben, was wir geistig selbst verursachen, was unserem Bewußtsein entspricht. Wir rufen das ab, was in uns herrscht.

Unsere innere Einstellung, unser Grad an *Selbst*-Bewußtsein bestimmt unsere Antriebsenergie und unser Verhalten.

Sie können alles erreichen, wenn Sie sich in Ihrem Denken dazu für fähig halten und die Erreichung des Ziels selbstbewußt denkend beanspruchen.

Dazu möchte ich Ihnen eine Geschichte erzählen, wie solches Denken einen Menschen unbewußt in seinem Verhalten und in seinen Reaktionen steuert.

Eine Seminarteilnehmerin teilte mir ihre Probleme mit. Sie war arbeitslos, lebte von der Fürsorge und war in ein seelisches Tief geraten. Da sie aber seit einigen Wochen gezielt ihr Denken kontrollierte und auch ihre Situation nicht nur von der negativen, sondern auch von der positiven Seite her durchdachte, ging es ihr schon wesentlich besser. Dann gelangte sie jedoch an einen Punkt, wo sie mehr wollte, aber an ihre Grenzen stieß. Sie fragte mich: »Was kann man tun, wenn man etwas erreichen will, was nun objektiv nicht machbar ist?« Ich konnte ihr keinen Rat geben, denn ich wußte noch zuwenig, worum es ging, fragte daher nach und erhielt folgende Problemschilderung: »Ich habe vor Jahren beim Bremer Senat gearbeitet, dann aber gekündigt und mir dazu noch einen unglücklichen Abgang verschafft. Jetzt würde ich gerne wieder dort arbeiten, aber das wird wohl auch mit visionärem Denken unmöglich sein.«

Ich wollte natürlich wissen, warum sie glaubte, daß es nicht möglich sein würde. Ihre Antwort: »In Bremen gibt es doch schon seit Jahren einen Einstellungsstopp beim Senat, und mein schlechter Abgang wird auch noch in Erinnerung sein.«

Sie hatte also Glaubensüberzeugungen wie viele Menschen. Die Beurteilung der äußeren Realität: Einstellungsstopp. Der innere Widerstand: Angst vor den Folgen ihres ehemaligen Fehlverhaltens bei der Kündigung.

Sie dachte in diesem Fall also völlig normal. Sie bemühte sich erst gar nicht, visionär zu denken. Es erschien ihr ohnehin sinnlos. Aber visionäres Denken ist, wie Sie wissen, eine Denkart, die uns mit übergeordneten Schöpfungskräften in Verbindung bringt. Der göttlichen Schöpfungskraft, die durch uns ihren Ausdruck sucht, ist aber kein Problem zu groß, um es lösen zu können. Warum sollten wir es dann nicht wenigstens versuchen?

Ich forderte diese Seminarteilnehmerin auf, sich eine »Vision« zu erarbeiten, die das aussagte, was sie erreichen wollte. Sie sollte mit dieser Vision arbeiten, bis die Wiedereinstellung erreicht sei.

Vier Wochen später rief sie mich an, um sich zu bedanken. Sie arbeitete wieder beim Bremer Senat. Sie hatte etwas erreicht, was ihr vorher unmöglich erschienen war.

Ich war natürlich sehr an Einzelheiten interessiert, die sie mir auch gerne gab. Am bedeutendsten ist wohl die folgende Aussage:

Ich kann nicht sagen warum, aber eines Tages konnte ich nicht anders. Ich ging voller Selbstbewußtsein zum Senatsdirektor ins Vorzimmer und setzte mich dort hin mit dem Ziel, nur wieder aufzustehen, wenn ich den Senatsdirektor sprechen dürfte.

Sie mußte fast drei Stunden warten, bis sie vorgelassen wurde, aber sie hatte die Ausdauer und Kraft dazu. Im Gespräch mit dem Senatsdirektor erzählte sie ihre Geschichte so überzeugend, daß sie eingestellt wurde. Es handelte sich zwar zunächst noch um eine befristete Einstellung für Sonderaufgaben, aber die Seminarteilnehmerin hatte ihr Ziel erreicht. Zwischenzeitlich ist sie in eine feste Anstellung übernommen worden.

Sie sehen: »Alles ist möglich dem, der da glaubt.« Dieser Bibelspruch beschreibt genau, was in dieser Geschichte wirkte.

Lernen Sie daraus, sich niemals in Ihrem Denken durch äußere Realitäten beschränken zu lassen. Glauben Sie unerschütterlich an Ihren Erfolg, und er wird möglich werden. Erfolg werden Sie haben, wenn Sie sich selbst, Ihrem Selbst und damit der göttlichen Schöpfungskraft vertrauen.

Visionäres Denken ist energetisches Denken. Energien fließen immer nur in eine Richtung, entweder von A nach B oder von B nach A. Stellen Sie sich ein zwei Meter langes, schmales, mit Wasser gefülltes Gefäß vor, das auf einer geraden Ebene steht. Das Wasser ist gleichmäßig in diesem Gefäß verteilt und steht still.

| WasserWasserWasserWasserWasserWasserWasser |

A   **B**

Sie können dieses Gefäß an einer Seite anheben und damit das Wasser bewegen. Die Richtung, in die es fließt, bestimmen Sie, indem Sie entscheiden, an welchem Punkt Sie das Gefäß anheben. Sie können die Seite A anheben, und das Wasser fließt in Richtung B. Sie können die Seite B anheben, und das Wasser fließt in Richtung A. Sie allein haben die freie Wahl, in welche Richtung Sie das Wasser zum Fließen bringen.

Dieses einfache Beispiel soll Ihnen zeigen, daß immer Sie darüber entscheiden, welche Richtung verfolgt wird. Das gilt auch für Ihr Leben, für Ihre Erfahrungen und für Ihren Erfolg.

Jede Situation in Ihrem Leben besteht zunächst einmal als Wahrscheinlichkeit und befindet sich im Stillstand, denn alles im Leben besteht aus zwei Polen, die sich gegenüberstehen:

Gesundheit	–	Krankheit
Liebe	–	Haß
Erfolg	–	Mißerfolg
Entfaltung	–	Begrenzung
Freiheit	–	Unfreiheit
Kraft	–	Schwäche
Freude	–	Leid

Diese Aufzählung könnte unendlich fortgeführt werden. Sie soll nur verdeutlichen, daß es immer zwei Pole gibt und daß Sie entscheiden, welche Erfahrungen Sie in Ihr Leben ziehen. Denken Sie visionär an das Gute, wird Positives in Ihr Leben treten, denken Sie negativ, wird Negatives Ihr Leben bestimmen. Denken Sie an Gesundheit, fließt Ihre Lebensenergie in Richtung Gesundheit. Denken Sie an Erfolg, bringen Sie die Energien in Richtung Erfolg zum Fließen.

Es ist einfacher, als Sie vielleicht denken mögen. Sie müssen nur diese einfache Lebensregel beachten, dann werden Sie erleben, daß diese Lebensregel beachtet werden will.

Denken ist das Ingangsetzen zielgerichteter Energie, nicht nur im Körper, sondern auch in der Umwelt. Und durch Ihr Denken bestimmen Sie die Richtung.

Jeder Gedanke ist ein Funkspruch an alle Ihre Zellen, der die Information über die Fließrichtung der Energie enthält.

Haben Sie in Ihrem Denken die richtige Richtung eingeschlagen, so kann auch nur das in Ihr Leben treten, was der einmal eingeschlagenen Richtung entspricht, es sei denn, Sie bringen die fließende Energie wieder zum Stillstand oder gar in die entgegengesetzte Fließrichtung, weil Sie an die entgegengesetzte Richtung denken und glauben. Hegen Sie also keine Zweifel und Befürchtungen. Bleiben Sie nicht länger ein Spielball Ihres Schicksals, sondern bestimmen Sie Ihr Schicksal, indem Sie sich Ihrer Energie und der Macht Ihrer visionären Gedanken bewußt sind.

Gedankenfolge und Assoziationen – Zufall oder Planung?

Großen Einfluß auf unsere Gedanken scheinen wir nicht zu haben. Ständig denken wir sowohl positiv wie auch negativ.

Es ist aber entscheidend, mit welchen Gedanken wir uns beschäftigen; welche Gedanken wir mit Energie versorgen, indem wir sie weiterverfolgen und neue Assoziationsprozesse auslösen. Hinter jedem Gedanken stehen weitere Gedanken. Wir selbst entscheiden, ob wir auch diese Gedanken und ihre Verwirklichungstendenz kennenlernen oder nicht. Es ist nur eine Frage der Energie. Wir haben die freie Wahl, welche Gedanken wir durch unsere Aufmerksamkeit mit Energie versorgen.

Denken Sie negative Gedanken weiter, versorgen Sie die negativen Wahrscheinlichkeiten mit Lebensenergie. Dadurch schaffen Sie selbst die Voraussetzung, daß diese negative Wahrscheinlichkeit Realität werden kann.

Das gilt natürlich auch umgekehrt: Positive Gedanken symbolisieren positive Wahrscheinlichkeiten. Nutzen wir unsere Fähigkeit aus, diese positiven Wahrscheinlichkeiten mit Lebensenergie zu versorgen, indem wir sie durch unser Denken, Fühlen und Handeln unterstützen.

Es liegt nur an Ihnen, welche Lebenserfahrungen Sie in Ihr Leben ziehen, positive oder negative. Beide Formen sind als Wahrscheinlichkeiten existent in Form von Energien, die durch Ihr Denken, Fühlen und Handeln in eine sichtbare und erlebbare Form verändert werden. Sie selbst sind also der Schöpfer Ihres eigenen Schicksals.

Angehäuftes Wissen hilft Ihnen nicht weiter, sondern nur angewandtes Wissen. Darum trainieren Sie sich täglich selbst. Kontrollieren Sie Ihre Gedanken. Arbeiten Sie täglich mit Visionen. Schon nach kurzer Zeit werden Sie aufgrund Ihrer Er-

folge nicht mehr auf die Selbsterkenntnis aus Ihrer Gedanken-
kraft verzichten wollen.

> *Gedanken sind Symbole möglicher Wahrscheinlichkeiten.*
> *Negative Gedanken ebenso wie positive. Ich selbst entschei-*
> *de, an welchen Gedanken ich festhalte, und dann sorgt mei-*
> *ne Lebensenergie dafür, welche Wahrscheinlichkeit zu*
> *meiner Erfahrung wird.*

Im Bannkreis Ihrer Gedanken

Sie wissen, Gedanken sind eine Kraft — in Bewegung gebrachte Energie. Entsprechend dieser Energie zeigt sich Ihr Leben. Sie können äußerlich nur erleben, was Sie innerlich glauben, was Ihrem Milieu entspricht, Ihrem Gedankenmilieu, in dem Sie gewohnt sind, sich aufzuhalten.

Wir leben in einer Gemeinschaft mit anderen Menschen. Gemeinsam wollen wir Erfahrungen machen. Gerade das Zusammenwirken untereinander ist für uns sehr wichtig. Sie geben anderen Menschen etwas, und dafür erhalten Sie etwas. Der Bäcker backt für Sie Brot. Die Menschen in der Autoindustrie bauen für Sie Autos, damit Sie bequemer von A nach B gelangen. Wir brauchen uns gegenseitig.

In dieser gegenseitigen Abhängigkeit liegt ein Geheimnis unserer täglichen Lebenserfahrungen. Andere Menschen beeinflussen Ihr Leben, wie Sie das Leben und die Handlungen Ihrer Mitmenschen beeinflussen. Doch auch hier unterliegt alles den geistigen Naturgesetzen.

Wenn Ihre Gedanken ständig um Gefahren, Unglück, Mißerfolg, Krankheit und anderes Negatives kreisen, wenn Sie Angst vor der Bewältigung des Lebens haben, dann halten Sie sich geistig in einem negativen Milieu auf. Das bleibt nicht ohne Folgen für Ihr Leben. — Warum?

Wir strahlen unser gedankliches Milieu nach außen ab und ziehen so weitere gleichartige Kräfte in unser Leben. Jeder Mensch, mit dem wir in Kontakt kommen, spürt das innere Milieu unserer Gedankenwelt. Und er spürt, ob er dem gleichen Gedankenmilieu angehört oder nicht. So entstehen Sympathie und Antipathie. Die Menschen, die sich in einem ähnlichen Gedankenmilieu aufhalten, schließen sich uns und unseren Auffassungen leicht an. Diese Menschen können wir überzeugen und sie uns — wir sprechen die gleiche Sprache.

Resultat: Wir kommen aus dem Bannkreis unserer Gedanken nicht heraus, sind Gefangene unseres eigenen Gedankenmilieus. Wir können nur den Erfolg, das Glück und die Zufriedenheit erleben, die diesem Milieu entsprechen. Solange wir nicht bewußt unser gedankliches Milieu verändern, können wir nicht erfolgreicher und glücklicher leben.

Überlegen Sie doch einmal, was Sie denken. In welchem geistigen Milieu halten Sie sich überwiegend auf? Ist es positiv, bejahend und das Gute erwartend oder negativ und nur auf das Übelste ausgerichtet?

Es gibt pauschale Glaubensüberzeugungen, etwa »Der Mensch ist von Natur aus böse«. Diese Überzeugung entspricht gleichzeitig einem bestimmten Gedankenmilieu, dem sich alle die Menschen zugehörig fühlen, die diese Überzeugung teilen.

Oder nehmen wir die pauschale Glaubensüberzeugung »Die meisten Menschen sind faul, pochen nur auf ihre Rechte, aber ignorieren ihre Pflichten«. Die Wirkungen eines solchen Milieus können Sie in unserer Gesellschaft beobachten. In manchen Firmen gehören alle, vom Chef bis zu den Auszubildenden, diesem Milieu an. Daß sie sich in dieser Firma versammelt haben, ist kein Zufall, sondern die Folge ihres Gedankenmilieus. So klagt der Chef ständig über die Faulheit seiner Mitarbeiter, ist sich aber nicht bewußt, daß er diese in seine Firma geholt hat, eben weil er so denkt. Die Mitarbeiter, die wie ihr Chef denken, verhalten sich unbewußt so, daß sie ihrem und seinem Glauben entsprechen.

Menschen, die einem anderen Gedankenmilieu angehören, spüren sofort, daß sie nicht hierher passen. Vertreter des einen Milieus sehen den Menschen des anderen Milieus unbewußt als »Fremden« und lassen dessen Gedanken und Informationen gar nicht erst an sich heran. Sie sehen, auch hier herrscht eine kosmische Ordnung. Diese Ordnung sollten wir erkennen und daraus lernen.

Wichtig ist die Feststellung, daß unsere Gedanken dazu beitragen, daß sich ein entsprechendes Milieu entwickelt oder wir uns einem bestimmten Milieu anschließen. Alles wird zunächst geistig geschaffen. Der Geist ist die Ursache für alle Wirkungen.

Viele Menschen haben jegliches Verantwortungsgefühl für ihre Gedankeninhalte verloren. Die Folge ist, daß unsere täglichen Lebenserfahrungen uns in unserem augenblicklichen Milieu mehr und mehr bestätigen. Um unsere Lebenserfahrungen zu ändern, müssen wir unser Gedankenmilieu verändern. Halten Sie in Ihren Gedanken das Gute, das Schöne für wahr, und es wird sich auch in Ihrem Leben bewahrheiten.

So verändern Sie Ihr Gedankenmilieu

Ständiges Denken an Krankheit macht krank. Wenn wir glauben, daß uns Infektionen und Unfälle krank machen könnten, haben wir uns diesem Milieu angeschlossen und erleben entsprechende Auswirkungen. Wir können dann nur wieder gesund werden, wenn wir die Ärzte konsultieren und die Methoden anwenden, die in diesem Milieu vorhanden sind. Sie sind der Gegenpol. Beides zusammen ergibt das Ganze, das Sein, die Existenz dieser Realität.

Sobald wir begreifen, daß unsere Gedanken und Gefühle das Milieu bestimmen und damit die Folgen verursachen, müßte uns klar werden, daß wir selbst über die Fähigkeit verfügen, uns das Milieu zu schaffen oder uns demjenigen anzuschließen, das unseren Wünschen entspricht.

Aber es fällt nicht leicht, ein gewohntes Milieu zu verlassen und zu lernen, in einem neuen Milieu zu leben.

Nehmen wir einmal an, Sie möchten reich werden. Auf meine Anregung hin machen Sie einen Versuch, dem gedanklichen Armutsmilieu zu entkommen, das Ihrer bisherigen Geldsituation entsprach. Sie schaffen sich ein neues gedankliches Milieu, indem Sie sich immer wieder sagen: »Für mich ist gesorgt, und ich habe alles in Hülle und Fülle.«

Aber es fällt Ihnen schwer, die nächste Rechnung zu bezahlen. Sie sagen sich: »Jetzt denke ich doch positiv, ich glaube fest an meinen Überfluß und kann trotzdem die Rechnung nicht bezahlen.« Da melden sich Zweifel an, ob es reicht, sich in jeder Situation positive Gedanken zu machen.

Der Grund liegt darin, daß Sie sich zwar gedanklich schon in einem anderen Milieu aufhalten, aber noch im alten Milieu leben. Sie sind noch nicht umgezogen!

Erst wenn Sie Ihr altes Milieu verlassen haben und nicht mehr — auch nicht zeitweise — zurückkehren, können Sie das neue Milieu mit all seinen Wirkungen erleben.

Warum fällt es uns so schwer, den kompletten Umzug zu vollziehen? Weil die meisten Menschen Angst davor haben, den ersten Schritt tatsächlich zu tun.

Sich gedanklich mit einem Umzug von Berlin-Kreuzberg nach Beverly Hills zu beschäftigen, gelingt noch. Aber die Koffer zu packen und tatsächlich umzuziehen — im absoluten Glauben daran, daß es gelingt — fällt schwer. Man drückt sich vor diesem Schritt, vor den Konsequenzen, solange man kann. Jeder findet leicht seine eigenen Ausreden.

Hören Sie damit auf! Wenn Sie wissen, in welches Milieu Sie umziehen wollen, dann ziehen Sie auch um — mit allen Konsequenzen!

Lassen Sie sich nicht von irgendwelchen Hindernissen bremsen, diesen Umzug »jetzt« zu vollziehen. Auch wenn nach dem Umzug noch nicht alles perfekt ist — Sie sind erst mal da! Das muß Ihr Ziel sein — der Milieuwechsel! Weg vom falschen, begrenzenden Milieu Ihrer Gedanken, ohne Reue und Rückkehrmöglichkeit. Hinein ins neue Milieu, voller Hoffnung und Erwartung. Vertrauen Sie darauf, daß Sie sich recht bald einleben werden.

Je positiver und schneller Sie diesen praktischen Schritt unternehmen, desto schneller treten auch entsprechende Erlebnisse in Ihr Leben.

Jeder Mensch wird in ein bestimmtes Milieu hineingeboren. Es ist unterschiedlich von Rasse zu Rasse, von Land zu Land, von Familie zu Familie, aber es ist unser Startmilieu.

Ebenso, wie wir aus dem Haus unserer Eltern ausziehen oder einen Ortswechsel vornehmen, können wir auch unser Gedankenmilieu wechseln. Bleiben wir da, wo wir sind, so ist es unsere freie Entscheidung. Entsprechend entscheiden wir darüber, wie unsere Lebenserfahrungen sein werden. Wir selbst tragen die Verantwortung dafür.

Daß wir uns im Augenblick in einem bestimmten Milieu aufhalten, heißt nicht, daß wir in diesem Milieu leben müssen. Leider machen einige Menschen den Fehler zu glauben, sie müßten krank, arm oder erfolglos sein. Sie glauben, daß es vom Wohlwollen unseres Schöpfers abhängt, was sie erleben dürfen. Aber Gott behandelt alle seine Schöpfungen gleich: Wir alle haben das gleiche Recht, uns unser Milieu und damit unsere Lebensrealität auszusuchen.

Umfassend, also außerhalb unserer Zeitvorstellung gesehen, hat jeder Mensch einmal zu einer anderen Zeit und an einem anderen Ort auch anderen Milieus angehört. Nur so kann unsere Seele Erfahrungen sammeln und sich zur Vollkommenheit entwickeln. Genauer gesagt: In der Unendlichkeit unseres wahren Daseins gehören wir allen existenten Milieus an, aber im Jetzt entscheiden wir für uns persönlich, in welchem Milieu wir uns entfalten wollen!

Unser gegenwärtiges Milieu, in dem wir verharren, ist der Angelpunkt unserer Lebenserfahrungen. Der Weg aus einem uns nicht zufriedenstellenden Milieu in ein besseres beginnt immer im Jetzt – also *heute*!

Denken Sie heute darüber nach, welche Gedanken und Gefühle Sie ständig pflegen – welches Gedankenmilieu das Ihre ist. Schauen Sie sich Ihre Lebenserfahrungen, Ihre erlebte Realität an und vergleichen Sie sie mit Ihrem Gedankenmilieu. Sie werden erkennen, daß Ihr Leben gar nicht anders sein kann, als es heute ist. Sie werden auch erkennen, daß Sie zunächst Ihre Gedankenwelt verändern müssen, bevor sich Ihr Leben verändern kann.

Sie können alle Ihre Träume Realität werden lassen, wenn Sie zuvor ein gedankliches Milieu schaffen (eine klare Vision) oder sich einem anschließen, das Ihren Träumen entspricht. Sie können sich darauf verlassen, Ihre Träume werden Realität, denn es ist ein Naturgesetz, dessen Gebrauch uns allen von Geburt an mitgegeben wurde: unser Dasein im Einklang mit unseren innersten Wünschen und Bedürfnissen zu gestalten.

Der Schlüssel dazu liegt nicht, wie wir häufig meinen, in den äußeren Voraussetzungen und Bedingungen. Wir halten diesen Schlüssel in unseren Händen, ohne uns dessen bewußt zu sein. Wir stehen vor einem riesigen Tresor, in dem der innere Reichtum eines jeden Menschen verborgen ist.

Dieser Reichtum steht im inneren Einklang Ihres Wesens mit dem Ganzen der Schöpfung und ihren Gesetzen. Was immer Sie brauchen, um glücklich und zufrieden, gesund und erfolgreich zu sein, das Leben hält es für Sie bereit.

In den »Upanischaden«, einer der ältesten religiösen Schriften des Ostens (vgl. Quellen und weiterführende Literatur unter »Bhagavadgita wie sie ist«), heißt es:

»Was in uns ist, ist auch außerhalb, was außerhalb ist, ist auch in uns.«

Wenn es uns gelingt, unsere inneren Wesenskräfte zu läutern und zu harmonisieren, wird auch unser äußeres Leben Harmonie annehmen. Wir finden einerseits keinen innerlich zufriedenen Menschen, dessen äußeres Leben von Unglück und Disharmonie gekennzeichnet ist, andererseits keinen innerlich zerrissenen und unglücklichen Menschen, dessen Leben äußerlich harmonisch und erfolgreich verläuft. Was können wir aus dieser Beobachtung lernen?

Das äußere Leben ist die sichtbare Ebene – der Spiegel – unserer Gedanken. Es richtet sich nach den geistigen Bildern und Vorstellungen, die wir ihm übermitteln, und verwirklicht sie. Was immer uns an Leid und Mißerfolg widerfährt, muß zuvor in unseren Gedanken angelegt gewesen sein, vielleicht ohne daß wir uns dessen bewußt waren.

> *Wir sind, was wir denken.*
>
> *Buddha*

Wir selbst sind die Ursache unserer Lebenserfahrungen — durch unser Denken und Fühlen. Was wir *in uns* gedanklich und gefühlsmäßig gestalten, wird *von außen* auf uns zukommen. Unsere Gedanken, Visionen und Gefühle sind der Urstoff, aus dem wir unser Leben gestalten. Dafür sollte uns eigentlich das Beste gerade gut genug sein. Wählen Sie also die Gedanken, die Sie sich zu eigen machen, mit großer Liebe und Sorgfalt aus! Das ist die Botschaft des visionären Denkens.

Die Wirkung von Gedanken beschränkt sich nicht auf das Gemüt und den Körper, sondern offenbart sich auch in unserer Umwelt, löst Sympathie oder Antipathie, Schwingungen und Reaktionen aus. Diese fallen auf den jeweiligen Menschen zurück und zeigen sich in seinem Leben als beglückende oder schmerzhafte Wirklichkeit.

Auch der unscheinbarste Gedanke sucht die Verstärkung seiner Lebensenergie. Darum heißt es, seinen Gedanken gegenüber wachsam zu sein. Jeder Gedanke ist ein Saatkorn, das wir in einen fruchtbaren Boden legen. Jeder weitere, gleiche oder ähnliche Gedanke unterstützt sein Wachstum. Das Ergebnis ist die Ernte unserer Wirklichkeit.

Wir ernten nur das, was wir selbst gesät haben. Denken ist Säen, unsere Lebenserfahrungen sind die Frucht unserer Saat. Darum sollten wir wachsam sein und darauf achten, daß nur positive Gedanken unsere Aufmerksamkeit finden. Denn die Aktivierung der Verwirklichungstendenz unserer Gedankenenergie erfolgt im Inneren; ihre Auswirkung aber dringt nach außen an die Oberfläche und wird für die Außenwelt sichtbar.

Jeder Gedanke ist bewegte und gesteuerte Energie, die eine entsprechende schicksalhafte Kettenreaktion auslöst.

Säe einen Gedanken –
    und Du erntest die ihm entsprechende Wirkung.

Wiederhole die Aussaat des gleichen Gedankens –
    und Du erntest eine Neigung.

Wiederhole die Neigung –
    und Du erntest einen Charakterzug:
    einen Wesensautomatismus.

Wiederhole den Charakterzug –
    und Du erntest das entsprechende Schicksal:
    einen Schicksalsautomatismus.

Ein Gedanke, der im Bewußtsein durch Aufmerksamkeit mit Energie versorgt wurde, löst im Unterbewußtsein ihm entsprechende Tendenzen aus:

> *Jeder Gedanke, der einmal im Blickfeld des Bewußtseins war, sinkt ins Unterbewußtsein hinab. Wird er wiederholt, entwickelt er im Unterbewußtsein eine ihm entsprechende Neigung. Bei weiterer Wiederholung wird aus dieser Neigung ein Verhaltens- und Reaktionsmuster, das auf das bewußte Denken, Fühlen und Handeln richtungsbestimmend Einfluß nimmt.*

Die Folge ist eine Kettenreaktion von Ereignissen und Erlebnissen, die diesem Gedanken entsprechen. Zum Teil vollzieht sich das völlig unbemerkt, so daß wir zum Zeitpunkt unserer Erfahrungen keinen Zusammenhang mehr zur eigentlichen Ursache – unserem Gedanken – erkennen.

Wenn Sie jeden Tag positive und erfolgsorientierte Gedanken hegen, kann Ihr Leben nur erfolgreich verlaufen, sobald ein Erfolgstag mit neuen, Erfolg verursachenden Gedanken auf den anderen folgt, kann die Summe aller Tage nur gut sein.

Von der Kraft der Vision und Konzentration zur Meditation

Wir hören und lesen immer von der Kraft der Meditation und der visuellen Vorstellung. Es gibt zahlreiche Techniken, die wir ausüben können. Manche Menschen vollziehen Rituale und Zeremonien, die sie häufig nur ermüden. Es fiel uns Menschen schon immer schwer, etwas *einfach* zu machen, wenn es auch *schwer* geht. Aber alles Geniale ist äußerst einfach, so einfach, daß wir es oft nicht entdecken. Unser Verstand läßt diese Entdeckung nicht zu, er suggeriert uns, daß es so einfach nicht sein kann.

Warum benutzen wir nicht Techniken, die uns vertraut sind und deren Anwendung uns keine Überwindung kostet? Wir erlernen besondere Meditationstechniken oder Übungen, um Kontakt zu unserem Selbst zu bekommen. Wir glauben, daß es einige Zeit erfordern muß, bis wir gute Resultate erzielen. Wir können uns gar nicht vorstellen, daß es auch einen Weg gibt, der leicht und sofort von jedem Menschen praktiziert werden kann, und der zu den gleichen Ergebnissen führt. Warum?

Weil wir Menschen unseren Intellekt zuerst bemühen. Uns wurde immer eingetrichtert, daß wir lernen müssen, uns bemühen müssen, uns anstrengen müssen, wenn wir etwas im Leben erreichen wollen. Letztendlich ist das auch nicht falsch. Grundlegend falsch ist es aber, diese Denkweise auch auf die Erschließung der schöpferischen Möglichkeiten unseres wahren Wesens anzuwenden. Der »normale« Bewußtseinszustand des Menschen ist der Bewußtseinszustand der Erleuchtung. Darin liegt alles offen zugänglich vor uns. Genauso sind Wohlbefinden und Erfolg selbstverständlich. Aber wir sind uns dessen zu wenig bewußt, wir lassen uns dazu verleiten, eher das Gegenteil anzunehmen.

Meditation und visionäres Denken sind keine fremdartigen Techniken, die wir mit viel Mühe und Schwierigkeiten erlernen müssen. Sie bilden einen natürlichen Bestandteil unseres Lebens. Wenn wir lesen, studieren oder etwas erforschen, müssen wir uns konzentrieren. Wenn wir Auto fahren oder eine Maschine bedienen, müssen wir aufmerksam sein. Wenn wir jemandem etwas erklären, müssen wir auf diesen Menschen eingehen, um uns verständlich zu machen, und unser Gesprächspartner muß Interesse zeigen und ebenfalls Energie investieren. Der Liebende meditiert über den geliebten Menschen. Die Mutter meditiert über ihr Kind, ein Geschäftsmann über sein Unternehmen. Was immer wir tun, vollenden wir durch die Kraft der Konzentration, was nichts anderes bedeutet als Meditation. Jede Aufmerksamkeit, die Sie auf etwas lenken, ist gelenkte Konzentration, und Konzentration ist eine Art Meditation.

Bisher richteten wir diese Konzentration und Meditation fast ausschließlich auf objektive Dinge. Wenn Sie nun einfach die Richtung Ihrer Konzentration und Meditation auf die subjektiven Dinge richten, dann meditieren Sie über die Quelle, die Ursachen. So, wie unser Verstand die objektive, äußere Welt wahrnimmt, nimmt unser Selbst die subjektive Wirklichkeit wahr. Durch eine einfache Richtungsänderung können wir mehr von der Wahrheit entdecken, Ursachen und Lösungswege erkennen und unsere Gedanken von Leid, Krankheit und Mißerfolg befreien. Jeder kann erfolgreich meditieren. Durch Meditation werden wir uns unserer grundlegenden Einheit mit allen Dingen bewußt. Dieses Bewußtsein erlangen wir nicht, indem wir uns den objektiven äußeren Dingen zuwenden. Wir können es nur durch direkte Erfahrung gewinnen. Dazu müssen wir vom einen Bewußtseinszustand zum anderen übergehen und uns allmählich immer mehr auf die tieferen Ebenen unseres Seins begeben.

Jede Meditation ist absolute Konzentration unserer Energie. Meditieren wir über objektive Dinge, beten wir die sichtbare Realität an. Konzentrieren Sie sich zum Beispiel auf ein Problem oder einen negativen Gedanken, meditieren und beten

Sie. Und im selben Moment wird Ihr Gebet erhört, und Sie bekommen genau das, was diesem Gebet entspricht.

Die beachtliche Schriftensammlung über geistige Gesundheit und Krankheit und das Umprogrammieren, die Transformation der menschlichen Psyche, ist Jahrhunderte alt. Sufis, Mönche, Yogis und Propheten sagten uns immer wieder, wie wir die Natur unserer Psyche verstehen können. Im Ursprung waren die Gebetstechniken noch wirksam: Im Gebet wandte sich der Mensch nicht an ein höheres Wesen, um Erkenntnis zu erlangen, sondern führte einen Dialog mit seinem Selbst, das heißt, er transformierte die Weisheit seines wahren Wesens und hob sie damit ins Bewußtsein. Die wirksamste Form unserer Gebete war die Formulierung innerster Wünsche – die Vision. Aber im Laufe der Zeit verwandelten sich die Gebete zu einem äußerlichen Ritual des Bittens oder der Buße, so daß völlig in Vergessenheit geriet, was ein Gebet ursprünglich war: ein geistiger Prozeß, der durch unsere Verbindung zum Schöpfer die Verwirklichung unsres Gedankenguts ermöglicht.

Verborgene Kräfte nutzen

Viele Menschen haben Angst davor, ihre Schöpfungskräfte für ihre persönlichen Wünsche und Ziele zu gebrauchen. Sie setzen Wohlergehen mit Materialismus gleich und haben das Gefühl, es widerspräche unserer spirituellen Entwicklung oder wäre egoistisch. Auf dem spirituellen Weg zu sein bedeutet aber, im vollen Bewußtsein der Verantwortung für seine Person in dieser Welt zu leben. Wenn wir fest in diesem Verständnis verankert sind, sehen wir die Welt als Materialisation von Bewußtsein. Wir sehen, daß die evolutionären Kräfte sich auf die Vollendung des vorbestimmten Zieles, auf die Schöpfung hinbewegen. Wohlergehen bedeutet nicht, in materiellen Dingen zu ersticken; es bedeutet, Erfolg zu haben, zu blühen, zu wachsen und nutzbringende Handlungen zu vollbringen. Wenn wir Mißerfolg erleiden und unsere physische Entwicklung nicht zur Vollendung vorantreiben, dann gedeihen wir nicht und haben den Sinn unseres Lebens auf dieser Welt verfehlt. Sich treiben zu lassen, sich aus der Verantwortung zu ziehen, auf zukünftige Zeiten in feinstofflichen Sphären zu warten heißt, die Möglichkeit zu verpassen, die unser Schöpfer uns gegeben hat. Hier und jetzt haben wir die Chance, Erfüllung, Vollkommenheit und unsere letztendliche Bestimmung zu erreichen.

Wir können unser Leben nicht in eine materielle und eine spirituelle Entwicklung zweiteilen. Viele religiöse Traditionen basieren zwar auf einem größtmöglichen Rückzug aus der physischen Welt, mit der Absicht, eine stärkere Verbindung mit der spirituellen Welt einzugehen. Das irdische Dasein mit seinen Versuchungen und Zerstreuungen macht es uns sehr schwer, innerliche Balance zu halten. Das Ideal bestand früher oft darin, sich in Klöster oder auf einen Berggipfel zurückzuziehen, und ein Leben der Entsagung zu führen. Im Freisein von materiellem Besitz sollte in stiller Kontemplation das spirituelle Ziel erreicht werden. Dieser Weg bedeutete Flucht aus der physischen Welt, um Erleuchtung zu erreichen.

Der ganzheitliche Weg besteht darin, sich dem Universum vollkommen anzuvertrauen, sich seiner Führung zu überlassen und gleichzeitig intensive Beziehungen zu pflegen, mit geschäftlichen Angelegenheiten umzugehen, eine Familie zu haben, Ideen umzusetzen und sich mit den Problemen unserer Welt zu befassen.

> *Leben heißt:*
> *Sich selbst vollenden,*
> *heisset ewig neu gestalten,*
> *Leben heißt:*
> *Mit starken Händen*
> *Göttliches in sich entfalten.*
> *Erich Limpach*

Der Erfolgsplan:
Die schriftlich formulierte Vision

Was möchten Sie in der nächsten Woche, im nächsten Monat oder im nächsten Jahr erreichen? – Alles ist erreichbar, wenn Sie die Möglichkeiten Ihres Geistes voll ausnutzen! Dazu gehören nicht nur die objektiven Möglichkeiten, sondern auch subjektive wie die Erarbeitung einer schriftlichen Vision.

Sie wissen, daß Sie Ihre Realität durch Ihre Gedankenenergie und Ihr Handeln gestalten. Ihre Gedankenenergie setzten Sie dabei bisher recht unbewußt ein, weil Sie sich der Verursachungskräfte des Denkens noch nicht voll bewußt waren. Aber inzwischen wissen Sie, warum die Arbeit mit Visionen zu größeren Erfolgen führt. Visionen verursachen unsere Erfolge auf feinstofflicher Ebene; sie bereiten sie energetisch vor.

Erfolg zu planen ist nichts Neues. Immer wieder haben bedeutende Persönlichkeiten trotz scheinbar unüberwindlicher Hindernisse Erfolge durch Planung erreicht, während andere, die kein Konzept besaßen, versagt haben. Auch Sie können Ihren Erfolg planen und gewinnen! Ihre schriftliche Vision ist ein Erfolgsplan! Unsere geistigen Möglichkeiten sind physischer und mentaler Natur. Wenn wir rationale Erfolgspläne erarbeiten, nutzen wir unsere physischen Möglichkeiten. Verbinden wir aber in schriftlichen Visionen das Mentale mit dem Physischen, dann wachsen wir über uns selbst hinaus. Das mentale Reich ist das Verbindungsglied zwischen den geistigen und körperlichen Ebenen des Menschen. Wer sich nur von den rationalen äußeren Realitäten leiten läßt, wird von ihnen vereinnahmt, und oft um das Gute betrogen. Nehmen Sie sich vor, Ihre mentalen Kräfte stärker einzusetzen. Verzichten Sie auf Methoden, die nur an der Oberfläche wirken, und arbeiten Sie die Dinge zuerst auf der mentalen Ebene aus. Arbeiten Sie *schriftlich*, denn geschriebene Worte sind wirksamer.

Ein abstoßendes, aber deutliches Beispiel lieferte Adolf Hitler mit seinem Buch »Mein Kampf«. Er schrieb es zu einem Zeitpunkt, als er ein Niemand war. Er hatte kein Geld, keine Freunde, keinen Einfluß und keine berufliche Ausbildung. Aber er hatte eine Vision, die er schriftlich im Gefängnis zu entwickeln begann. Ein Biograph unserer Tage schrieb, der Zweite Weltkrieg hätte vermieden werden können, wenn die maßgeblichen Autoritäten Hitlers Vision, die er in seinem Buch dargelegt hatte, ernst genommen hätten. Doch da der Autor Hitler ein Unbekannter war, der nichts weiter vorzuweisen hatte als eine Gefängnisstrafe und ein paar überspannte Ideen, kam niemand auf den Gedanken, sich ernsthaft mit ihm zu befassen. Seine schreckliche Vision materialisierte sich jedoch zur Realität und brachte Millionen Menschen den Tod. Sehen Sie in Hitlers Buch »Mein Kampf«, in dem er in allen Einzelheiten den »Endzustand« seiner gedanklichen Vorstellungen beschrieb, die Verursachungskraft schriftlicher Worte. Sie wirkt destruktiv und konstruktiv, denn es handelt sich um neutrale Schöpfungskraft, die unpersönlich wirkt.

Seien Sie aus diesem Grund vorsichtig im Umgang mit destruktiven Beschreibungen! Wenn Sie sich zu sehr mit Problemen und Problemanalysen, Voraussagen und schriftlichen Hypothesen unter negativem Vorzeichen beschäftigen, wirkt Ihre Kraft nicht weniger!

Häufig machen wir Menschen uns das Leben aufgrund unserer Unwissenheit selbst schwer. Auf der einen Seite verursachen wir mental den Mißerfolg, auf der anderen Seite kämpfen wir rational gegen die von uns selbst hervorgerufenen Schwierigkeiten an. Bringen Sie Ihre Schöpfungskräfte dazu, in eine konstruktive Richtung zu wirken, indem Sie sich nicht mit destruktiven Erwartungen beschäftigen. Stellen Sie sich absolut auf das Gute ein; in Ihrem Denken und in Ihrem Handeln. Werden Sie zu einem Menschen, der nur denkt, formuliert und aufschreibt, was er erleben möchte. Verschwenden Sie keine Sekunde in Ihrem Leben damit, Energien in Dinge zu investieren, die Sie nicht wünschen. Das ganze Erfolgsgeheimnis besteht darin, sich immer in einer Gedankenschwingung des Guten aufzuhalten. So werden Sie ein Möglichkeits- und Lösungsdenker. Auch Probleme sollten Sie in solcher Geistesverfassung angehen und sofort nach dem Guten im Negativen suchen, sich sofort vorstellen und formulieren, wie sie idealerweise gelöst werden könnten. Ihre geistige Vorwegnahme eines Idealzustands wird innere Energien aktivieren, die diesen Zustand herbeiführen. Jeder Gedanke, der sich mit dem Problem, der äußerlich vorgefundenen Situation, dem destruktiv Sichtbaren, beschäftigt, stärkt dieses. Sie binden sich mit jedem Gedanken fester an das Problem, von dem Sie eigentlich loskommen wollten.

Ein gutes Beispiel dafür, wie wir sofort vom negativen Anschein einer Situation auf eine positive Erwartung umschalten können, liefert uns eine Anekdote über Winston Churchill. Robert Louis Taylor schreibt in seinem Buch »Winston Churchill, die Biographie eines großen Mannes«, daß das Verblüffendste bei Wahlen Churchills Verhalten war, wenn er verlor. Er verhielt sich nicht anders, als wenn er gewonnen hätte! Nach einer Wahl, in der Winston Churchill unterlegen war, wandte er sich dem Sieger mit den Worten zu: »Ich glaube, von einem von uns wird die Welt nicht zum letzten Mal gehört haben!« Diese Bemerkung von einem Unterlegenen verwirrte den Angesprochenen derart, daß er davonstürzte, um das Wahlergebnis zu überprüfen und sicherzugehen, daß tatsächlich er und nicht Winston Churchill gewonnen hatte.

Aus dieser Anekdote wird die Grundhaltung des großen Mannes deutlich. Für ihn war das reale Ergebnis nicht wichtig. Er schenkte ihm wenig Aufmerksamkeit und formulierte sofort seine Einstellung. Seine Energie schickte er damit in die Richtung, in der sein Ziel lag. Nicht eine Sekunde war er enttäuscht und gewillt, sich entsprechenden Gedanken hinzugeben. Er war ein großer Mann, der bewußt oder unbewußt fähig war, die Verursachungskraft visionärer Gedanken nur konstruktiv zu lenken.

Die physischen und mentalen Kräfte Ihres Geistes sind die Zwillingskräfte Ihres Erfolges. Wenn Sie beide gebrauchen, werden Ihre Ergebnisse harmonisch und beglückend sein.

Der Brennglaseffekt

Sie wissen aus Ihrer Schulzeit, daß man mit einem Brennglas die Energie der Sonne so stark bündeln kann, daß sie ein Blatt Papier in Brand setzt. Ähnlich können Sie die Erfolg verursachenden Energien Ihres Geistes bündeln. Sie müssen dazu nur das Brennglas Ihrer Aufmerksamkeit benutzen.

Aufmerksamkeit hat auch immer etwas mit unserer geistigen Wahlfreiheit zu tun. Das Wort »wählen« ist für unser Denken ein magisches Wort. Ihr Denken arbeitet beständig mit dem, was Sie wählen. Wenn Sie wählen, was Sie wünschen, füttern Sie Ihr Denken mit den Energien Ihrer Wunschkraft. Sie geht der Verwirklichung jedes Ziels voraus. Mit jeder Wahl haben Sie eine Entscheidung für ein Ergebnis getroffen. Jeder negative Gedanke ist eine Entscheidung für ein negatives Ergebnis, jeder positive Gedanke eine Entscheidung für ein positives Ergebnis. Die Addition Ihrer Entscheidungen bestimmt, welches Ergebnis zu Ihrer Realität wird. Sollte Ihnen diese Erklärung zu einfach erscheinen, machen Sie die Probe aufs Exempel. Immer geschieht etwas, wenn eine Wahl getroffen wurde. Und dies gilt nicht nur für die Wahl zwischen verschiedenen rationalen Überlegungen, sondern auch für die Wahl unserer »mentalen« Energien. Wir bestimmen, für welches Ergebnis wir unsere Schöpfungskraft einsetzen. Wir wählen aus in unseren Gedanken, Gefühlen und Handlungen. Gewöhnen Sie sich an, schon in Ihren Gedanken kühn, überlegt und unmittelbar zu wählen, was Sie wünschen. Treffen Sie Ihre Wahl immer nur für das Gute, das Vollkommene. Dadurch aktivieren Sie die geistigen Kräfte, die diese Realität herbeiführen.

Schon in der Schule wählen wir falsch

Erinnern Sie sich einmal an Ihr schlechtestes Fach in der Schule. Wie kam es, daß Sie gerade in diesem Fach versagten? Es lag an Ihrer inneren Vision, die Sie sich dazu schöpften. Die ersten Klassenarbeiten, die Sie in diesem Fach produzierten, waren der Schöpfungsprozeß für diese Mißerfolgsvision. Sie sagten sich einfach: »Dieses Fach liegt mir nicht.« Mit dieser Aussage, die von einem entsprechenden Gefühl begleitet wurde, haben Sie Ihre Mißerfolgsvision geboren. Jede weitere schlechte Note war unbewußt ein Erfolgserlebnis für Sie. Sie stellten mit jeder schlechten Note unbewußt fest, daß Sie sich richtig eingeschätzt hatten. Ihnen lag dieses Fach einfach nicht, und wenn Sie sich auch noch so sehr bemühten.

Erinnern Sie sich an solche Erlebnisse? Verstehen Sie jetzt, wie Ihre inneren Visionen auf Ihre bewußten Erfahrungen Einfluß nehmen? Ihre Visionen entscheiden über Ihren Erfolg.

Prescot Lecky, einer der bedeutendsten Pädagogen unseres Jahrhunderts, hat den Einfluß unserer Visionen auf unseren Erfolg bewiesen. An Tausenden von Beispielen konnte er seine Theorie beweisen. Er entdeckte: Ein Schüler versagt in einem Fach nur, weil er sich in seiner Vorstellung für nicht geeignet hält. Veränderte sich diese Vision des Schülers, waren auch gute Noten möglich.

Alle Schüler, an denen der Lehrer Lecky seine Theorie untersuchte, waren weder faul noch dumm. Sie hatten nur eine »falsche Vision« in Ihrem Kopf gespeichert. Sie waren überzeugt, daß ihnen bestimmte Fähigkeiten fehlten, um hervorragende Noten zu erzielen. Sie sagten sich selbst: »Französisch liegt mir nicht«, oder »Ich habe keine Begabung für Mathematik.«

Der amerikanische Pädagoge Lecky veränderte bei vielen

Schülern die Mißerfolgsvision in eine Erfolgsvision. Das Ergebnis bewies seine Theorie. Einige Schüler, die durch Lecky zu einer anderen Vision gelangten, wurden später die Besten in diesem Fach und gewannen sogar Schulpreise. Dabei hatten sie sich noch wenige Wochen vorher als völlig ungeeignet oder unbegabt eingestuft.

Sie sehen auch an diesem Beispiel, daß durch die freie Wahl unserer Visionen schon die Entscheidung getroffen wird, zu welchen Erfolgen wir fähig sind.

Überprüfen Sie Ihre Visionen auf bestimmten Gebieten, auf denen Sie Mißerfolge erleben. Dann ändern Sie Ihre Vision.

Halten Sie sich für fähig. Seien Sie davon überzeugt, daß Sie bisher nur Mißerfolge auf diesen Gebieten hatten, weil Sie selbst nicht zugelassen haben, Erfolge zu erwarten. Ihre innere Vision war auf Mißerfolg ausgerichtet. Ihre Meinung über Ihre Fähigkeit war falsch! Ändern Sie Ihre Meinung, und Sie werden die Fähigkeiten in Ihrem Inneren aktivieren, die zum Erfolg führen − selbst auf Gebieten, in denen Mißerfolge an der Tagesordnung waren.

> *Erschaffen Sie in Ihrem Denken und Glauben Erfolgsvisionen, und der Erfolg wird sich zeigen.*

Schopenhauer sagte einmal: »Wir sind das Produkt unserer Gedanken.« Dabei spielt es eine nebensächliche Rolle, was wir bewußt über uns denken. Wichtiger ist, was im Laufe unseres Lebens in unser Unbewußtes eingepflanzt wurde, was zu unserer inneren Glaubensüberzeugung wuchs. Unsere Visionen bestimmen, was wir für wahr halten und was nicht.

Ein Mensch, in dem die Vision vorherrscht, er habe keinen Erfolg oder Erfolg sei für ihn nur sehr schwer zu erreichen, den überzeugen fünf Mißerfolge mehr als fünfundneunzig Erfolge. Unsere Visionen lenken unsere Erfahrungen.

Selbstbestimmung im Heute und Jetzt

Sie leben nicht gestern und nicht morgen – Sie leben *jetzt*! Und nur *jetzt* können Sie denken, fühlen und handeln. In Ihrem Geist gibt es keine Zeit. Sie lassen die Vergangenheit aufleben, wenn Sie an die Vergangenheit denken, und erschaffen sie in diesem Moment neu. Darum beschäftigen Sie sich nicht mit negativen Gedanken aus Ihrer Vergangenheit – Sie würden sie damit zu neuem Leben erwecken. Wenn Sie sich auf das konzentrieren, was falsch war, werden Sie für das Gute blind, das sich *heute* zeigen könnte. So verschwenden Sie Ihr *Heute* auf die Mängel von gestern und bauen damit Ihre Zukunft auf der gleichen verhängnisvollen Grundlage auf.

Sie sind nicht Opfer Ihrer Vergangenheit. Sie sind frei in Ihrem Willen und können sofort, *heute*, damit anfangen, sich neue Visionen zu schaffen. Wenn Sie nicht heute damit beginnen, muß angenommen werden, daß Sie noch kein Vertrauen dazu haben, daß es in Ihrer Macht steht, Ihr Leben ändern zu können.

Ändern Sie daher *jetzt*, in diesem Moment, durch einen bewußten Willensakt Ihre Denkgewohnheiten. Sie können es!

Ändern Sie Ihren Standpunkt und Ihre Perspektive, aus der Sie bisher Vergangenheit, Gegenwart und Zukunft betrachtet haben.

Öffnen Sie sich und Ihren Geist für ein neues, schönes Leben.

Sie allein gestalten Ihre Realität!
Sie allein entscheiden über Ihren Erfolg und Ihr Glück!
Sie allein verursachen Ihre Lebenserfahrungen!

Nicht jeder möchte etwas an sich ändern. Aber die meisten Menschen versuchen es gelegentlich. Sie bemühen sich, in ihrem Leben gewisse Dinge einer Korrektur zu unterziehen – vielleicht, um es produktiver, erfreulicher oder in mancher Hinsicht weniger selbstzerstörerisch zu gestalten. Leider sind viele Bemühungen von vornherein zum Scheitern verurteilt. Zu oft sind wir uns einfach nicht sicher, was wir eigentlich wollen.

Wir beschließen zum Beispiel, daß wir mehr Erfolg anstreben; sobald wir aber sehen, was das alles bedeutet, überlegen wir es uns noch einmal. In uns kämpfen unterschiedliche Glaubensüberzeugungen gegeneinander. Die eine Glaubensüberzeugung sagt: »Wenn du erfolgreich sein willst, dann mußt du hart dafür arbeiten«, und die andere sagt uns: »Arbeit verleidet dir das Leben. Sei glücklich und genieße das Leben.« Ohne Vorstellung, wie wir diese beiden Glaubensüberzeugungen miteinander vereinen können, schwanken wir hin und her, tun weder richtig etwas für unseren Erfolg noch genießen wir das Leben.

Wenn wir merken, daß wir uns nicht ändern, bedeutet das, daß wir es in Wirklichkeit gar nicht wollen! Menschen ändern nur das, was sie wollen.

Sollten Sie feststellen, daß Sie des öfteren etwas ändern möchten, aber selten wirkliche Änderungen erreichen, dann kämpfen in Ihnen widerstreitende Glaubensüberzeugungen.

Haben Sie sich entschlossen, wirklich etwas zu ändern, dann müssen Sie sich entscheiden, was Sie ändern wollen; nicht, was Sie zu wollen glauben oder was Sie vielleicht wollen oder was andere glauben, was Sie wollen, sondern das, was Sie wirklich *wollen!*

> *Die Gewohnheit*
> *ist die zweite Schwerkraft.*
> *Friedrich Georg Jünger*

Dieses Wollen muß tief aus Ihrem Inneren kommen. Lassen Sie sich Zeit, um darüber nachzudenken. Tun Sie es gründlich über einen längeren Zeitraum. Hauruck-Aktionen unterliegen zu sehr unseren enormen Stimmungseinflüssen und verfälschen unsere wahren Wünsche.

Sie werden bei der langen Suche nach Ihren wirklichen Wünschen oft feststellen, daß Sie etwas zu wollen glaubten, was Sie in Wirklichkeit gar nicht wollen. Verfolgen Sie diese Wünsche einfach nicht weiter. Entwickeln Sie dabei keine Schuldgefühle, sondern erkennen Sie, daß Sie diesen Wunsch im Augenblick einfach nicht verwirklichen möchten. Seien Sie mit Ihrer Entscheidung zufrieden. Später können Sie Ihre Ansicht darüber vielleicht wieder ändern, aber im Moment ist es wohl vorteilhafter, wenn Sie an etwas anderem arbeiten. Mehr können Sie in diesem Augenblick nicht erreichen.

Haben Sie sich aber einmal für einen Wunsch entschieden, wissen Sie, was Sie wollen, dann ist der nächste Schritt gar nicht mehr so schwer. Er besteht nur noch darin, daß Sie sich Ihr Wollen bewußtmachen.

Schreiben Sie auf, was Sie genau wollen. Diese Erklärung muß so abgefaßt sein, daß Ihr Wollen auch durchführbar wird. Ihr Wille muß präzise ausgedrückt werden. Mit vagen Begriffen wie »Ich möchte erfolgreich sein« oder »Ich möchte glücklich sein« aktivieren Sie niemals Ihre inneren Handlungsenergien.

Ihr Wünschen und Wollen muß so formuliert sein, daß Sie von Zeit zu Zeit den Fortschritt messen können. Klären Sie daher zunächst ab,

> *was* Sie wollen,
>
> *warum* Sie es wollen,
>
> *wann* Sie es wollen und
>
> *wofür* Sie es wollen.

Für manche Menschen ist es etwas leichter, wenn Sie es genau von der anderen Seite her angehen. Sie formulieren zunächst das, was sie nicht mehr wollen, denn das wissen sie genau, während das, was sie wollen, noch unbekannt ist.

Wenn man sich entschieden hat, was man will, muß man sich überlegen, was man tun will, um dieses Ziel zu erreichen. Es besteht ein wichtiger Unterschied zwischen dem, was man tun will, und dem, was man tatsächlich tut. Was man tun will, und mag es noch so deutlich formuliert sein, bleibt nur Wunschdenken oder Absicht. Was man tatsächlich tut, macht aus dem Wollen Realität. Dieser kleine Unterschied zwischen Erfolg und Mißerfolg wird oft durch unsere inneren Glaubensüberzeugungen verdeckt.

Es ist daher von äußerster Wichtigkeit, zunächst einmal zu klären, was uns daran hindert, tatsächlich zu wollen. Das können Sie herausfinden, indem Sie sich Fragen stellen wie: »Wie hindere ich mich selbst daran, das zu tun, was ich will?« Fragen Sie sich auch, wie Sie sich verhalten, wenn Sie Ihr »Wollen« vermeiden.

Beispiele:

Wie hindere ich mich daran, meine Arbeit zu genießen?
Wie hindere ich mich daran zu entspannen?
Wie hindere ich mich daran, spontan und kreativ zu sein?
Wie hindere ich mich daran, befördert zu werden? usw.

Auch hier können Sie das Pferd von der anderen Seite her aufzäumen. Fragen Sie sich dann: »Wie tue ich das, was ich nicht länger tun will?« Fragen Sie sich ebenfalls nach Ihrem Verhalten und warum Sie dabei bleiben, es weiterhin zu tun.

Beispiele:

Wie ängstige ich mich selbst?

Wie hindere ich mich daran, aktiv zu werden?

Wie mache ich mich selbst unzufrieden?

Wie stelle ich es an, übersehen zu werden?

Wie rufe ich immer wieder Kritik hervor? usw.

Akzeptieren Sie keine »Ich weiß nicht«-Antworten. In diesem Fall sollten Sie nicht auf sich selbst hören, denn es sind Ihre »alten Visionen«, die in Ihnen aktiv sind. Suchen Sie weiter nach einer Antwort, bis Ihr Selbst Ihnen diese Antwort gibt.

Manchmal mögen Ihnen Ihre Antworten unvernünftig, zu einfach oder albern erscheinen. Aber was auch immer dabei herauskommt, es ist *Ihre* Antwort. Was für Sie in einem bestimmten Moment wirklich ist, ist *Ihre Wirklichkeit*. Bleiben Sie dabei! Vielleicht ist es eine wichtige Erkenntnis für Sie.

Nun haben Sie zunächst alles getan, um herauszufinden, was Sie wollen und was Sie nicht mehr wollen, haben auch die Entscheidung getroffen, *daß* Sie es wollen. Um sicherzugehen, daß Ihr inneres Gewohnheitsmuster, Ihre alte Vision, Ihnen in letzter Minute keinen Strich durch die Rechnung macht, besteht Ihre letzte Aufgabe in der Frage: »Woran merke ich und merken die anderen, daß ich erreichte, was ich wollte?«

Jetzt wenden Sie vielleicht ein: »Das kann ohnehin nur ich selbst merken.« Akzeptieren Sie diesen Einwand nicht. Denken Sie an die Worte der Bibel: »An den Früchten sollt ihr sie erkennen.« Geben Sie nicht eher auf, bis Sie ganz sicher wissen, woran man die Wirklichkeit Ihres Wollens messen kann. So haben Sie ein Überwachungsinstrument, das Ihnen eine zeitweise Überprüfung Ihrer Fortschritte ermöglicht.

Wenn Sie feststellen, daß Sie keine großen Fortschritte machen, fragen Sie sich: »Wie hindere ich mich daran, meinen

Weg einzuhalten?« In den meisten Fällen wissen Sie bestimmt die Antwort. Sie können dann die geeigneten Schritte unternehmen, um wieder auf den rechten Kurs zu kommen.

Im Laufe der Zeit wird Ihnen dieses Vorgehen immer mehr zur Gewohnheit werden, es wird zu einer kompletten Visionsmethodik reifen. Sie werden feststellen, daß Sie bisher viele Dinge nur schwer realisieren konnten, weil Sie »nicht richtig« oder nur vom Verstand her wollten. Aus diesem Grund kamen Sie auch immer wieder vom eigentlichen Weg ab. Sie werden den Wert Ihrer neuen Vorgehensweise erkennen und immer mehr Geschick entwickeln. Jede neue Erkenntnis auf diesem Erfahrungsweg bringt Sie dem Erfolg näher und hilft Ihnen, mehr persönliche Freiheit zu erlangen.

Lebensfreude durch Selbstverwirklichung

Jeder Mensch trägt von Natur aus ein ganz individuelles Selbstverwirklichungsprogramm in sich. Dieses Programm möchte sich so gut wie möglich entfalten. Das Leben will durch uns die Schöpfung vollenden.

Diesem inneren Druck kann sich kein Mensch entziehen. Er äußert sich unser ganzes Leben auf unbewußt-automatische Art und Weise. Wenn wir unser tägliches Wünschen, Streben und Wollen einmal bewußt betrachten und uns klar vor Augen führen, erkennen wir, daß wir nach Lebenslust und Vervollkommnung streben; und daß wir alles vermeiden wollen, was sich diesem inneren Drang entgegenstellt. Wir bemerken, daß sich unsere Stimmungslage sofort ändert, wenn wir uns nicht so entfalten können, wie wir es innerlich wollen. Dann erleben wir Gefühle von Unlust, Abneigung, Ärger, Hoffnungslosigkeit, Kummer, Wut und Haß.

Das Leben will optimalen Ausdruck durch uns erlangen. Daher belohnt es jede Aktivität, die im Einklang ist mit unserem inneren Selbstverwirklichungswunsch, mit Gefühlen der Freude, Zufriedenheit und des Glücks.

Jeder Mensch verfügt in seinem Inneren über verschiedene Möglichkeiten der Selbstverwirklichung. Alle diese Möglichkeiten sind gleichwertig und warten nur darauf, von uns entdeckt und ausgelebt zu werden.

Wir können uns körperlich, sozial und geistig entfalten. Ob wir uns körperlich ausdrücken und sportliche Höchstleistungen erbringen oder ob wir uns sozial betätigen und dadurch zur Vervollkommnung der Schöpfung beitragen, ist nicht von Bedeutung. Ebenso können wir unsere geistige Entwicklung vervollkommnen, uns gedanklich kreativ betätigen und unvollkommene Dinge verbessern.

Achten Sie einmal auf Ihre gegenwärtigen inneren Neigungen. Hören Sie in sich hinein und stellen Sie fest, durch welche Aktivitäten das Leben sich in Ihrer Persönlichkeit verwirklichen möchte. Gefühle von Unlust und Abneigung gegenüber einer bestimmten Beschäftigung können Sie als deutliches Zeichen dafür ansehen, daß diese Tätigkeit nicht im Einklang mit Ihrer gewünschten Persönlichkeitsentfaltung steht. Denken Sie in diesem Fall über Ihr Denken, Fühlen und Handeln nach, und hören Sie in sich hinein, um zu erfahren, welchen Weg Sie mit Freude und voller Lebenslust gehen könnten. Sie werden eine Antwort erhalten und auch die nötige Energie.

Unser Körper ist ein wahres Wunderwerk der Schöpfung. Er verfügt über ein Steuerungssystem, das entscheidet, wieviel Energie uns zur Verfügung gestellt wird, nämlich der Formatio retikularis, ein netzartiges Gebilde in der mittleren Region unseres Gehirnstammes. Dieser Teil unseres Gehirns versorgt uns mit der Energie, die wir zur Bewältigung unseres Lebens benötigen.

Wollen wir unser Leben sinnvoll erfahren, dann erhalten wir Energie im Überfluß und somit ein Leben voller Glück, Zufriedenheit und Erfolg. Es ist im Sinne unseres Schöpfers, unser Leben in dieser Form zu leben. Für ein Leben voller Leid, Angst und Mißerfolg wird uns keine Energie zur Verfügung gestellt. Doch bemerken wir dies immer? Haben wir schon einmal darüber nachgedacht, wann wir müde, abgespannt, unzufrieden und energielos waren? Sicher kennen auch Sie Menschen, die sechzehn Stunden und mehr am Tag arbeiten, nebenbei vielleicht noch Bücher schreiben und trotzdem voller Energie, Elan, Schwung und Kraft sind. Vielfach erfahren wir über solche Menschen, etwa Politiker und Schauspieler, aus Erzählungen. Warum verfügen diese Menschen über soviel Energie? – Sie nutzen das Leben zur Selbstentfaltung, und das wird vom Leben unterstützt. Wenn hinter unserer Lebensführung kein tieferer Sinn steckt, wird uns minimale Energie zur Verfügung gestellt. Beschäftigen wir uns gegen den Lebenssinn, indem wir grübeln, uns Sorgen machen, über unwichtige Dinge in der Vergangenheit nachdenken oder Angst vor der Zukunft haben, wird uns Energie entzogen. Auch für Beschäftigungen, die keinen echten Gewinn für unser Leben bieten, erhalten wir keine Energie. Beschäftigen wir uns dennoch auf diese Weise, werden wir abgespannt, müde, lustlos und spüren einen starken Mangel an Willenskraft und Aktivität.

Richten wir aber unsere Aufmerksamkeit auf Dinge, die das Leben und unser Er-Leben fördern, spüren wir deutlich den Zuwachs an Lebensenergie. Wer sich richtig entfaltet, sich dem Leben zuwendet und nach einer sinnvollen Entwicklung seiner Persönlichkeit strebt, wird verwundert seiner inneren Vitalität gewahr werden.

Mut, Kraft, Ausdauer und der Wille zum Erfolg stellen sich von selbst ein, wenn wir ein sinnvolles Lebensziel anstreben. Gesteuert wird diese Versorgung mit Lebensenergie über unser Gehirn, das unsere Gedanken und Gefühle verarbeitet. Es registriert unsere Absichten und Sinneswahrnehmungen, und es stellt fest, ob diese lebensbejahend, aufbauend und sinnvoll sind, oder ob sie dem Lebenssinn widersprechen. Je nachdem wird uns Lebensenergie zuteil oder nicht. Es liegt also ausschließlich an uns, wieviel Energie wir für unser Leben, zur Verwirklichung unserer Ziele und Wünsche und für unsere Gesundheit erhalten. Durch positives Denken, Fühlen und Handeln und eine positive Erwartungshaltung richten wir unser Leben nach seinem Sinn aus und verfügen zugleich über die erforderlichen Kräfte.

Die Rationalisierung geistiger Arbeit

Der Verstand kann immer nur einen Vorgang zur gleichen Zeit steuern, während das Unterbewußtsein unzählige Vorgänge gleichzeitig steuern kann. Die Fähigkeit des Unterbewußtseins, Programme zu speichern und nebeneinander ablaufen zu lassen, scheint unbegrenzt. Beispielsweise steuert es gleichzeitig die Arbeit von Herz, Kreislauf, Atmung, Verdauung und Muskelkoordination.

Die Synchronisation verschiedenster Programme ist uns auch vom Autofahren bekannt: Als wir das Fahren lernten, machte uns das Gängeschalten Mühe und Angst, jetzt ist es ein leichtes für uns, mehrere Vorgänge nebeneinander ablaufen zu lassen. Wir beobachten den Verkehr, schalten, lenken, horchen auf den Motor, rauchen und unterhalten uns mit dem Beifahrer – und das alles ohne bewußte Anstrengung – einfach durch die Managementleistung unseres Unterbewußtseins, durch die innere Steuerung.

Diese automatische Hilfestellung kennen wir auch von anderen Beschäftigungen wie zum Beispiel dem Tanzen oder Klavierspielen. Was anfangs unbeholfen, holperig und unharmonisch erfolgt, gelingt später durch die unbewußte Steuerung unseres Unterbewußtseins nahezu perfekt. Dem Verstand wäre nur ein »Ein-Finger-Such-Spielen« möglich.

Die Fähigkeit unseres Unterbewußtseins kann uns zu unvorstellbaren beruflichen und sozialen Höchstleistungen bringen. Einen Eindruck davon, welche Spitzenleistungen mit Hilfe des Unterbewußtseins möglich sind, zeigen uns Sportler, Pianisten und Artisten immer wieder. Was hier auf sportlichem und künstlerischem Gebiet gelingt, ist auch im privaten und beruflichen Bereich möglich, dem Unterbewußtsein immer mehr zu übertragen und dadurch das Bewußtsein für immer höhere Aufgaben zu entlasten. Dadurch rationalisieren wir unsere geistige Arbeit, sparen Energie.

Halten wir fest: Jeder Mensch und jedes Tun können geistig und seelisch genauso effektiv gefördert werden wie sich motorische Arbeiten rationalisieren und automatisieren lassen, nämlich durch positives Denken, Fühlen und Handeln im Zusammenhang mit einer visionären Geisteshaltung.

Im Endstadium kann eine solche Entwicklung wie ein Zufall oder Wunder aussehen. Aber genauso wie jeder Autofahrer ein unbewußtes Gespür für den Verkehr entwickelt, kann jeder Mensch dasselbe sichere Gespür für die Verwirklichung seiner Ziele und Wünsche entwickeln.

Das ist keine Frage der Intelligenz oder äußeren Möglichkeiten, sondern Ihrer Visionen. Wir fahren nicht nur Auto mit »schlafwandlerischer Sicherheit«, sondern erreichen mit ebenso intuitionsgesteuerter Sicherheit unsere Ziele. Alles entwickelt sich automatisch und besser, als wir es vom Verstand her organisieren könnten. Das liegt an der naturgesetzlichen Tendenz, minimalen Energieverbrauch anzusteuern.

Die sichtbare Wirkung erscheint dem Unwissenden wie ein Wunder, aber diese Entwicklung hat schon jeder von uns einmal wahrgenommen. Was später als Wunder oder Erfolg erscheint, beginnt ganz einfach mit der besseren Nutzung unserer geistigen Möglichkeiten.

Sie nutzen Ihr geistiges Potential besser, wenn Sie sich selbst, das heißt Ihre Verstandesleistungen, rationalisieren und in gleichem Umfang Ihre inneren Möglichkeiten aktivieren – durch Visionen.

Mit immer weniger Anstrengung immer mehr eigene Wünsche und Ziele verwirklichen – so soll es sein.

3. Kapitel

Visionäres Denken – eine Bewußtseinsveränderung, die Ihr Leben und unsere Welt zum Guten führt

Die Wende zum Guten

Schon Einstein hat festgestellt, daß wir viel mehr Wissen in uns haben, als wir uns mit unserem Verstand jemals vorstellen können.

Wir Menschen denken viel zu begrenzt. Diese Begrenzungen müssen wir nach und nach auflösen. Zunächst werden es einige wenige Menschen sein, die von sich aus dazu bereit sind. Aber jeder einzelne dieser Menschen wird rasch begreifen, daß er nur einer in einer überaus schnell wachsenden Gruppe von Menschen ist.

Wir leben am Beginn eines neuen Entwicklungsabschnitts. Alle Menschen sind an diesem Aufbruch beteiligt. Sie haben durch ihr teilweise verheerendes Verhalten selbst die Situationen geschaffen, zu deren Lösung mehr erforderlich ist als das, worüber wir jetzt verfügen.

Wir müssen uns selbst besser begreifen lernen; nicht nur in unserem physischen Dasein als lebendige Menschen, sondern darüber hinaus unser Ebenbild in allem erkennen, was existiert. Wir sind nicht nur Mensch, wir sind ein Teil von *allem*. Mit fortschreitender Entwicklung unseres Bewußtseins wird uns dies immer klarer. Viel Unheil, das heute noch geschieht, würden wir nicht mehr verursachen, hätten wir erst einmal begriffen, daß wir ein Teil von allem sind.

Wer heute etwa Chemikalien in einen Fluß einleitet und damit diesem Fluß, den darin lebenden Tieren und der ganzen Umwelt einen großen Schaden zufügt, macht das aus einem begrenzten Bewußtsein heraus. Einfach ausgedrückt: Diesem Menschen fehlt die Erkenntnis für die Konsequenz seines Fehlverhaltens. Er weiß zwar, daß sein Verhalten nicht gut ist für die Umwelt, aber er fühlt und spürt nicht, daß er sich selber damit Schaden zufügt. Erst wenn sein Bewußtseinsstand reif genug ist, kann er das begreifen und spüren. Einem Kind können wir keinen Vorwurf machen, wenn es ein Gebäude aus Bauklötzen zum Einsturz bringt, ihm fehlt noch die bewußte Einstellung zu diesem Zerstörungsakt. Was wir im »kleinen« durch die Zerstörung eines Gebäudes aus Bauklötzen lernen, ist der Gebrauch unserer Energie. Sie kann sich positiv entladen, aber auch negativ. Ob das eine positiv und das andere negativ ist, beurteilen wir mit unserem begrenzten Verstand. Es geht darum, mehr von unserem wahren Sein zu erkennen. Und erkennen wir mehr, so wird sich das auf unser Leben nachhaltig positiv auswirken. Es wird unsere Einstellung gegenüber allem, was uns umgibt, verändern.

Nur die Akzeptanz unserer multidimensionalen Fähigkeiten, über die wir verfügen, kann eine neue Einstellung bewirken. Wir werden begreifen lernen, daß der menschliche Körper nur eine Form des dahinter stehenden Existenten ist, etwa so, wie ein Finger unserer Hand nur ein Teil unseres gesamten Körpers ist.

Würden heute schon alle Menschen in dem Bewußtsein leben, daß sie ein Teil von *allem* sind, gäbe es die bedrohlichen Probleme und Ungerechtigkeiten auf der Erde nicht mehr. Denn jedes Fehlverhalten würde vom Menschen sofort als Angriff gegen sich selbst gesehen und aus Liebe zu sich und anderen und aufgrund der inneren Selbsterhaltung unterbleiben.

Wie im großen, so im kleinen

Wenn wir könnten, würden wir jeden Fehler vermeiden.

Dies trifft nur bedingt zu. Richtiger ist, daß das Leben ein Entwicklungs- und Erfahrungsprozeß ist, der nicht ohne Fehler ablaufen kann. Denn nur aus Fehlern können wir lernen und Erkenntnisse für den nächsten Entwicklungsschritt gewinnen. Darum wäre es falsch, Fehlerfreiheit anzustreben. Das Lebensprinzip, in allem wirksam inhärent, läßt aus diesem Grund auch Fehler zu.

Naturkatastrophen, wie zum Beispiel ein Erdbeben oder eine Überschwemmung, sind Ereignisse, die mit einer getroffenen Fehlentscheidung im Alltag eines Menschen gleichsetzbar sind.

Die Natur macht Fehler, damit neue Entwicklungen eingeleitet werden können. Wir Menschen verstehen ein Erdbeben als etwas Fürchterliches. Uns erscheint es als ein unabänderliches Naturereignis. Es sieht auch so aus, als würde dieses Ereignis völlig unvermutet hereinbrechen.

Ein Erdbeben verursacht immer große Landschaftsveränderungen. Diese Veränderungen, die wir vordergründig als große Zerstörung wahrnehmen, haben einen tieferen Sinn.

Der Sinn des Lebens ist Entwicklung. Entwicklung erfordert, daß man Fehler begehen darf und auch muß, denn nur durch Fehler können wir Erkenntnisse gewinnen und durch diese Erkenntnisse einen großen Entwicklungsschritt machen. Dazu ist es hin und wieder erforderlich, daß Fehler in einer für unseren Verstand nicht begreifbaren Größenordnung geschehen.

Ein solcher Fehler ist auch ein Erdbeben. Es übersteigt unser Vorstellungsvermögen und unsere Toleranz in zweierlei Hinsicht, nämlich sowohl was den Umfang der Zerstörung als auch das Leid der Menschen betrifft. Was wir dabei unberücksichtigt lassen, ist, daß uns ein solches Naturereignis in großem Maße Gelegenheit zur Entwicklung gibt.

Wie Sie wissen, ist das Universum ein »großes Ganzes«, in das auch wir einbezogen sind. Diese Einheit, dieses gesamte Bewußtsein, ist die Natur und Energie, aus der alle Schöpfungen hervorgehen. Ein Erdbeben wird folglich durch die Energie unseres gesamten gemeinsamen Bewußtseins ausgelöst. Auch wir Menschen stellen Energie dafür zur Verfügung. Das geschieht natürlich nicht aus verstandesmäßigen Überlegungen, sondern unbewußt aufgrund unseres viel größeren inneren Wissens. Innerlich wissen wir genau, warum ein Erdbeben stattfinden muß, nämlich um Gelegenheit für die innere Entwicklung unseres Bewußtseins zu schaffen.

Diese innere Bewußtseinsentwicklung könnte auch auf andere Weise erfolgen. Würde jeder einzelne Mensch sich auf seine inneren Kräfte konzentrieren, müßten solche Naturereignisse nicht mehr stattfinden. Wenn jeder Mensch sich als Teil von allem sieht, sich nur dem Guten zuwendet, indem er das Gute in jedem Menschen, in jeder Situation und Angelegenheit bejaht, wäre die kreative und zugleich für uns zerstörerische Entladung solcher Energien nicht mehr notwendig. Da wir aber noch nicht soweit sind, sind von Zeit zu Zeit Gewaltakte nötig, um innerhalb eines kurzen Zeitraumes vielen Menschen Gelegenheit zu geben, große Fortschritte in ihrer Bewußtseinsentwicklung zu erzielen.

Nachfolgend führe ich die Lerninhalte an, die durch ein Erdbeben, sozusagen als Kurzseminar für die Menschheit, angeboten werden. Wir Menschen haben Gelegenheit,

1. Verantwortung zu übernehmen,
2. Haß, Neid und alle Formen von egoistischem Denken abzulegen,
3. gelebte Liebe zu lernen.

Diese drei Punkte dienen nur als Beispiel für all das, was wir durch eine von der Natur — somit auch von uns als Teil der Natur — verursachte Katastrophe vermittelt bekommen.

Die direkt von einem Erdbeben betroffenen Menschen machen neue Erfahrungen. Sie lernen, mit großen Verlusten umzugehen. Sie erfahren ein tiefes Zusammengehörigkeitsgefühl. Gerade dieses Zusammengehörigkeitsgefühl zeigt deutlich, warum ein solches Naturereignis bedeutende Entwicklungsgelegenheiten bietet. Das »große Ganze«, das gesamte Bewußtsein, entscheidet, wo ein solches Erdbeben oder eine andere Naturkatastrophe stattfinden wird. Dieses Ereignis und der Schauplatz des Geschehens sind stets so geplant, daß der Anfang für einen Neubeginn initiiert wird.

Und gerade das durch die Katastrophe erfahrbare Zusammengehörigkeitsgefühl ist oft die Voraussetzung für notwendige soziale und politische Veränderungen. Erst wenn Menschen gelernt haben, was Zusammengehörigkeit bedeutet, können sie sich zusammenschließen, um erforderliche gesellschaftliche Veränderungen durchzusetzen.

Die Natur, und damit ist alles gemeint, was auf einer tieferen Ebene die Gesamtheit des Bewußtseins ausmacht, schafft sich ebenso ihre Ereignisse wie wir Menschen.

Auch hier gilt: Wie im großen, so im kleinen!

Machen Sie sich klar, daß nichts im ganzen Universum ohne Grund geschieht.

Alles hat einen Sinn.

Denken Sie über diesen Satz einmal in entspanntem Zustand nach. Wenn Sie das eine Zeitlang Tag für Tag machen, werden Sie Ihre persönliche Situation viel besser verstehen. Alles, was

Ihnen an Negativem passiert, werden Sie dann gelassen annehmen können. Sie wissen, daß diese Situationen einen Sinn für Sie haben. Das versetzt Sie in die Lage, nicht länger an die Nachteile zu denken, sondern befähigt Sie, sich sofort an die Lösung von Schwierigkeiten zu machen.

Die Zeit, in der Ihre Gedanken sich im Kreis bewegten, ist damit vorbei. Kein Problem erscheint Ihnen mehr unlösbar. Sie werden zum Lösungsdenken fähig sein und haben damit einen Riesenschritt in Richtung glückliches und zufriedenes Leben getan.

Probieren Sie es einfach aus. Nehmen Sie sich vor, in den nächsten vier Wochen bei jedem Problem zu denken:

Es hat einen Sinn, warum diese Situation entstanden ist. Aus dieser Situation lerne ich sehr viel, wenn ich mich sofort auf die Lösung konzentriere.

Bereits jetzt existiert die Lösung. Ich werde sie finden.

Sie werden in jedem Problem Ihre Chance zum Wachstum erkennen. Sie freuen sich darauf, es zu lösen, weil Sie wachsen wollen. Die bedrohliche Seite eines Problems wird Sie nicht mehr erschrecken, denn Sie verstehen seinen Sinn. Sie haben Ihre Fähigkeit entdeckt, Situationen und Probleme im Ist-Zustand zu bewerten.

Kanalisierte Intuition

Bestimmt haben Sie schon einmal gelesen, wie wir die Leistung unseres Verstandes steigern können. Um solche Fähigkeiten geht es hier nicht. Im Gegenteil. Hier geht es um Fähigkeiten, über die nicht der Verstand, sondern unsere innere Führung verfügt. Sie sind zu begrenzter Intuition und verstandesmäßigen Überlegungen fähig; inwieweit Sie bisher davon Gebrauch gemacht haben, wissen Sie selbst am besten.

Hier geht es um die Fähigkeiten, die weit darüber hinausgehen, über die Sie verfügen, wenn Sie Ihr Bewußtsein entwickeln und offenhalten: Es handelt sich um eine effektivere Art von Intuition, zu der nur Menschen fähig sind, die sich als »Kanal« zur Vollendung der Schöpfung begreifen und die sich im Vertrauen darauf vollständig für eine solche Intuition öffnen.

»Offen sein für etwas« ist eine Fähigkeit, die Sie besitzen, über die Sie aber viel zu wenig wissen. Um zu all Ihren Fähigkeiten Zugang zu finden, müssen Sie sich zunächst einer bewußt werden: Der Fähigkeit zu *empfangen*.

Sie müssen lernen, zu einem offenen Kanal zu werden, durch den Sie zu Ihren wirklichen Fähigkeiten vorstoßen können. Machen Sie sich zunächst einmal klar, daß Sie über ein unvorstellbares Potential an Fähigkeiten verfügen. Glauben Sie unerschütterlich daran, auch wenn Sie noch keine Beweise dafür haben. Ignorieren Sie Einschränkungen, daß es diese Fähigkeiten überhaupt gibt. Vertrauen Sie zunächst einfach darauf, daß es so ist. Halten Sie es wenigstens für möglich.

Nur wenn Sie sich öffnen und bereit sind, Ihre Fähigkeiten erfahren zu wollen, bringen Sie die erforderliche Energie zum Fließen. Sie müssen sich voll und ganz darauf einlassen, daß es mehr gibt zwischen Himmel und Erde als allgemein angenommen. Diese Grundvoraussetzung ist schon eine Fähigkeit

Ihrer multidimensionalen Persönlichkeit, die Sie im Grunde sind. Gelingt es Ihnen, Ihre verstandesmäßigen Bedenken etwas zurückzustellen und völliges Vertrauen in Ihre inneren Fähigkeiten zu setzen, erscheint es Ihnen plötzlich kinderleicht, den Zugang zu Ihrem wahren Wissenspotential zu finden.

Ohne diesen ersten Schritt, den Sie auf keinen Fall überspringen dürfen, können Sie den zweiten Schritt nicht tun. Ist es Ihnen gelungen, die Kanäle zum Kern Ihrer wahren Persönlichkeit zu öffnen, sind Sie zu Ihrem wahren Wesen vorgedrungen, und dieses verfügt über Möglichkeiten, alles zum Guten zu entwickeln. Auch *Sie* verfügen über Schöpferkraft. Es ist der Wille unseres Schöpfers, Sie daran teilhaben zu lassen. Wenn Sie bereit sind, diese Kraft anzunehmen, wird sie Ihnen zur Verfügung stehen. Die schöpferische Tat erfolgt nur durch den Menschen selbst. Er allein entscheidet, ob er seine Fähigkeiten ausschöpfen will.

Können Sie es überhaupt zulassen, auf diese unvorstellbaren Fähigkeiten zu verzichten? Denken Sie einmal in Ruhe darüber nach.

Es ist so, als ob Sie vor einem Tresor stünden, der mit allem gefüllt ist, was Sie sich vorstellen können, und Sie trauten sich nicht, ihn zu öffnen. Kein anderer wird es für Sie tun. Haben Sie den Mut, den Tresor zu öffnen. Auf Sie wartet ein glückliches, zufriedenes Leben in Harmonie, Reichtum und Gesundheit. Es liegt an Ihnen, wann Sie es für sich beanspruchen und den ersten Schritt unternehmen. Sie werden reichlich dafür belohnt und sind ein Vorbild für andere Menschen.

Kosmische Inspiration

Viele große Persönlichkeiten der Weltgeschichte erzählten von ihren außergewöhnlichen Leistungen. Diesen Berichten können wir entnehmen, daß es Intuition oder Inspiration war, keine rationale Überlegung. Beethoven und Brahms haben mehrfach darauf hingewiesen, daß gewisse Inspirationen, deren Wirkung sie sehr hoch einschätzten, nicht aus ihnen selbst, sondern aus einer anderen Quelle zu kommen schienen – von einer höheren Intelligenz, von Gott. Dazu Zitate von bekannten Persönlichkeiten aus dem Buch *Die Kunst, kreativ zu sein* von W. Harman und H. Rheingold:

> *Goethe beschrieb seine Arbeit am Werther mit ganz ähnlichen Worten, als er einem Freund sagte: »Ich habe das Buch fast unbewußt geschrieben, wie ein Schlafwandler; und war überrascht, als mir auf einmal bewußt wurde, daß ich es getan hatte.«*

> *Puccini beschrieb die Inspiration für seine bedeutendsten Opern mit ganz ähnlichen Ausdrücken: Die Musik zur Butterfly wurde mir von Gott diktiert; ich fungierte lediglich als Werkzeug, das sie zu Papier brachte und dem Publikum übermittelte.*

> *Wie bekannt, sprach Mahatma Ghandi gern vom »inneren Licht der universalen Wahrheit«, das er bei wichtigen Entscheidungen zu konsultieren pflegte.*

So scheinen viele große Persönlichkeiten Erfahrungen mit »kanalisierter Intuition« gemacht zu haben. Brahms schrieb: »Wenn ich den Drang in mir spüre, wende ich mich zunächst an meinen Schöpfer . . . Ich verspüre unmittelbar danach Schwingungen, die mich ganz durchdringen . . . In diesem Zustand der Verzückung sehe ich klar, was bei meiner üblichen Gemütslage dunkel ist; dann fühle ich mich fähig, mich wie

Beethoven von oben inspirieren zu lassen . . . Diese Schwingungen nehmen die Formen geistiger Bilder an.«

Sie befinden sich also in guter Gesellschaft, wenn Sie den Mut aufbringen, sich der Inspiration zu öffnen. Sie erlangen damit eine Verbindung zur kosmischen Urkraft. Es ist ein erhabenes Gefühl, nicht allein zu sein, Geborgenheit und Liebe zu spüren und zu wissen, daß nichts unmöglich ist. Kein Problem, keine Schwierigkeit und kein Hindernis können uns in einer solchen Verfassung aus dem Gleichgewicht bringen oder unseren Seelenfrieden bedrohen. Diese innere Ruhe und Gelassenheit wiederum sind es, die uns über uns selbst hinauswachsen lassen. Aus dieser Ruhe gewinnen wir neue Kraft für neue Fähigkeiten, die uns sonst verschlossen blieben. Es lohnt sich, diesen Weg der Öffnung und des Vertrauens zu gehen.

Der Verstand – Anwalt unserer Überzeugungen

Es fällt uns Menschen sehr schwer, uns in völligem Vertrauen zu öffnen. Die »Grenzen« unseres Verstandes hindern uns daran. Unser Verstand ist der Anwalt unserer Überzeugungen. Das heißt, daß unser Verstand unsere inneren Überzeugungen vertritt.

Nun kann ein Anwalt immer nur auf der Grundlage der ihm bekannten Tatsachen seine Vertretung aufbauen. Somit ist sein Spielraum begrenzt und damit auch seine Wirksamkeit. Ein Anwalt, wie wir ihn kennen, ist ein Fachmann für juristische Streitfragen. Ebenso ist unser Verstand eine innere Instanz für Streitfragen des täglichen Lebens. Er steht uns jederzeit mit seinen gesammelten Erfahrungen als Berater zur Verfügung. In der Vertretung unserer inneren Überzeugungen ist er aber nur begrenzt handlungsfähig. Nicht, weil er nicht fähiger wäre, sondern weil er in unserem Auftrag für die Vertretung unserer inneren Glaubensüberzeugungen zuständig ist. Wir haben den Rahmen abgesteckt, in dem unser Verstand für uns tätig ist.

Sicherlich kennen Sie die folgende Situation. In einem Gespräch über ein bestimmtes Thema hatten Sie Ihren Standpunkt eindeutig vorgebracht. Sie hatten die Argumente der anderen Seite nicht akzeptiert und überzeugend für Ihre Sichtweise plädiert. Anschließend begann beiderseits ein unbewußter Prozeß des Nachdenkens. Unabhängig voneinander stellten beide fest, daß der andere mit seinen Argumenten vielleicht auch recht haben könnte.

Es fand ein unbewußter Entwicklungsprozeß statt, in dem noch einmal alle Standpunkte der Diskussion unbewußt verarbeitet wurden, und eine neue, wenn auch nur um Nuancen veränderte Ansicht bildete sich.

Dieser Vorgang wurde Ihnen meist dann bewußt, wenn Sie kurze Zeit später wieder einmal die gleiche Thematik mit dem gleichen Gesprächspartner diskutierten. Dann fiel Ihnen auf, daß Sie gar nicht mehr so weit auseinander waren wie noch vor kurzem.

Ich erwähne dieses Beispiel, um Ihnen die Funktion des Verstandes bewußtzumachen. Denn erst, wenn Sie seine Funktion genau erkannt haben, können Sie ihm andere Aufgaben übertragen.

Der Verstand ist der Anwalt unserer inneren Überzeugungen, ganz gleich, ob diese richtig sind oder nicht. Er hat nicht die Befugnis, Ihre Überzeugungen zu bewerten, er darf sie nur überzeugend vertreten.

Nun kommt es vor, daß Sie in einem Gespräch Ihre inneren Überzeugungen deutlich machen. Aber plötzlich erkennen Sie, daß Ihr Gesprächspartner vielleicht die besseren Argumente hat. Was passiert? Sie geben Ihrem inneren Anwalt, dem Verstand, zu verstehen, daß er einen Moment innehalten soll, damit Sie sich die Argumente der Gegenseite in Ruhe anhören können. Ihr Verstand greift nicht mehr ein und wartet ab. Vielleicht entschließen Sie sich dann, einen Vertrag zu unterschreiben oder einen Kauf zu tätigen.

Doch nachdem Sie gehandelt haben und der Vertreter mit dem Vertrag in der Tasche fort ist, überfallen Sie Zweifel. Der Verstand meldet sich wieder. Er verdeutlicht Ihnen in einem Zwiegespräch noch einmal alle Fakten Ihrer bisherigen Überzeugungen. Er möchte Ihnen zu verstehen geben, daß Sie sich weiterhin besser doch auf seine Mitwirkung verlassen sollen.

Ihre Handlung war richtig, wenn es auch in dem speziellen Fall vielleicht eine Fehlentscheidung war, wie sich später herausstellen mag.

Es geht um Ihr Leben und um Ihre Entwicklung. Sie müssen Ihre Erfahrungen selbst machen. Dabei können Sie auf Berater zurückgreifen, aber die Verantwortung tragen Sie allein. Und es liegt bei Ihnen, welche Berater Sie fragen und welchen Sie vertrauen.

Machen Sie sich bewußt, daß Ihr Verstand nur der Anwalt Ihrer inneren Glaubensüberzeugungen ist. Geben Sie ihm nicht mehr Macht über Ihr Verhalten, als gut ist. Als Anwalt kann Ihnen Ihr Verstand gute Dienste leisten, als Vormund Ihres Lebens nicht. Dafür gibt es qualifiziertere Kräfte.

Sie können lernen, Ihrem Verstand andere Aufgaben zu übertragen, um damit Ihre Öffnung zu Ihrem Inneren vorzubereiten. Sie müssen nur seine Fähigkeiten richtig erkennen und nutzen lernen.

Ihr Verstand kann Ihnen bei Ihrer weiteren Entwicklung sehr behilflich sein. Doch bisher hatte er nur den Auftrag, Ihnen die schon innerlich bekannten Glaubenseinstellungen zu verdeutlichen. Mit dieser Beratungshilfe haben Sie Ihre Entscheidungen getroffen. Aber sie ist zu weit mehr fähig, als Sie bisher angenommen haben.

Die wahre Natur unsres Verstandes besteht darin zu versuchen, die scheinbaren Grenzen unsrer inneren Überzeugungen aufrechtzuerhalten. Aber wie Sie inzwischen wissen, schaffen wir unsere Realität selbst.

Die Schwierigkeit besteht darin, daß allzuoft unser *Ich* mit dem Verstand verwechselt wird. Der Verstand ist aber nur der Teil unserer wahren Persönlichkeit, der sich mit unseren inneren Glaubensinhalten auseinandersetzt, indem er sich um die äußeren Wahrnehmungen und Erfahrungen kümmert.

Man könnte ihn mit unserem Auge vergleichen. Das Auge nimmt wahr, was außerhalb von uns geschieht, und gibt diese Informationen an kompetentere Stellen weiter. Ebenso ist Ihr Verstand eine Schaltstelle für Ihre Wahrnehmungen. Er entscheidet aufgrund Ihrer inneren Überzeugungen, an welche Stellen er diese Wahrnehmungen weiterleitet.

Sie sind der Auftraggeber. Somit liegt es auch an Ihnen, wohin die wahrgenommenen Eindrücke geleitet werden, ob zur Schaltstelle für nüchterne Entscheidungen oder zur »Herz-

Bauch-Region«, die für Gefühlsentscheidungen zuständig ist. Sie können Ihrem Verstand andere Aufgaben übertragen und seinen bisherigen Zuständigkeitsbereich neu festlegen. Als Anwalt Ihrer Überzeugungen hat er Ihnen gute Dienste geleistet, aber Ihre inneren Überzeugungen waren nicht immer richtig. Erweitern Sie deshalb zunächst Ihre inneren Überzeugungen. Richten Sie sich nicht weiterhin so stark nach den äußeren Realitäten. Immer, wenn Sie nach neuen Erfahrungen und Erkenntnissen suchen, laufen Sie Gefahr, Fremd- und Selbstsuggestionen, die aus begrenztem Wissen bestehen, zu Ihren inneren Überzeugungen zu machen.

Übertragen Sie Ihrem Verstand die Aufgabe, Sie davor zu schützen. Arbeiten Sie eine Zeitlang bewußt mit folgender Selbstsuggestion:

> *Alle Informationen, die von außen auf mich einwirken, werden von meinem Verstand einer kritischen Prüfung unterzogen. Mein Verstand verwahrt diese Suggestionen solange für mich, bis ich innerlich durch Hinzuziehung meines höheren Selbst zu der Erkenntnis gelange, welche ich davon als meine innere Überzeugung übernehmen kann.*

Ihr Verstand hat schon oft Informationen von Ihrem höheren Selbst erhalten, aber diese Informationen bisher nicht berücksichtigt, weil er sich von Ihnen nicht beauftragt fühlte, sich auch darum zu kümmern.

Gestatten Sie Ihrem Verstand, auch nach innen zu schauen. Beteiligen Sie ihn direkt an Ihrer inneren Wahrnehmungsfähigkeit.

Ihren Verstand können Sie nur im Wachzustand einsetzen. Er kann Ihnen nicht in andere Bewußtseinsdimensionen folgen. Bisher hat er aber stets sofort wieder die Regie für Sie übernommen, wenn Sie aus anderen Bewußtseinsdimensionen, wie einem tiefen Entspannungs- oder Traumzustand, zurückgekehrt sind, ohne die Informationen aus diesen Bewußtseinsdimensionen zu beachten.

Ihr Verstand hat für Sie nur die Informationen vertreten, deren Entstehung er selbst beobachten konnte, nämlich die, die von außen kamen. Innere Informationen und Erkenntnisse liegen außerhalb seines eigenen Erfahrungsbereiches, und er ist sich daher nicht sicher, ob er in Ihrem Sinne auch diese Bewußtseinsinhalte vertreten soll. Geben Sie ihm zu verstehen, daß Sie das wünschen, indem Sie folgende Suggestion benutzen:

> *Mein Verstand freut sich über jede Information aus meinem Inneren und sorgt dafür, daß mir diese Informationen bewußt werden. Er behandelt alle Informationen gleichwertig.*

Wenn Sie mit dieser Suggestion arbeiten, wird Ihr Verstand zu einer wichtigen inneren Schaltstelle und trägt erheblich zu Ihrer Bewußtseinserweiterung bei. Er sichert Ihnen mehr innere Bewegungsfreiheit und nimmt selbst teil an Entwicklungen, die ihm sonst verschlossen blieben, indem er sich für Dinge interessiert, die ihm aus anderen Bewußtseinsschichten zur Verfügung gestellt werden.

Auch ein Anwalt nutzt die Aussagen von Gutachtern. Er selbst kann zum Beispiel in einem Bauprozeß nicht beurteilen, wie beklagte Baumängel sachverständig zu bewerten sind. Dazu fehlt ihm der nötige Sachverstand und die Erfahrung. Dafür läßt er Gutachten zu und übernimmt die Ergebnisse zur Vertretung seines Klienten. So könnte sich auch Ihr Verstand verhalten, wenn Sie es ihm gestatten.

Sie können also lernen, Ihren Verstand anders zu begreifen, als Sie ihn bisher verstanden haben. Ihr Verstand ist, wie Sie jetzt wissen, nur ein Teil Ihrer gesamten Persönlichkeit und daher auch begrenzt in seinen Möglichkeiten. Bedenken Sie deshalb immer, daß eine rein rationale Beurteilung immer den Grenzen des Verstandes unterliegt.

Öffnen Sie sich Ihrem höheren Selbst, denn Ihr höheres Selbst ist frei von Begrenzungen. Ihr höheres Selbst ist nicht auf die äußere Realität konzentriert. Es ist vielmehr Ihre innere Erfahrungswelt, die viel größer ist, als Sie es sich jemals vorstellen können. Es macht für Sie alle Erfahrungen, auch die, die auf anderen Realitätsebenen ablaufen.

Wenn Ihnen zum Beispiel zur Lösung eines Problems drei Handlungsalternativen bewußt sind, müssen Sie sich für eine davon entscheiden. Haben Sie diese Entscheidung getroffen, so ist es Ihr Verstand, der auf diesen Erfahrungsweg konzentriert ist, denn dieser Weg führt zur Materialisierung.

Ihr höheres Selbst dagegen oder Teile Ihres Selbst erfahren gleichzeitig die anderen Alternativen auf anderen Realitätsebenen. Es geht also keine Erfahrung verloren, auch dann nicht, wenn sie nicht materialisiert wird.

Später stellen Sie manchmal fest: »Hätte ich doch damals den anderen Weg eingeschlagen, dann wäre mir dieser Umweg erspart geblieben.« – Hätten Sie seinerzeit nicht Ihren Verstand bevorzugt, sondern den Informationen Ihres höheren Selbst mehr Beachtung geschenkt, dann wäre vielleicht auch Ihr Verstand schneller zum Ziel gekommen.

Wenn Sie Probleme lösen müssen, sollten Sie möglichst nach innen schauen, denn dort bewahren Sie einen riesigen Fundus von Lösungen auf. Sie sollten bei Gesprächen mit Ihren Mitmenschen, Ihrem Partner, Ihrem Chef, Ihren Arbeitskollegen offen zuhören und versuchen, sich in Ihren Gesprächspartner hineinzuversetzen. Lassen Sie Ihrem Verstand in solchen Momenten nicht zuviel Spielraum, sonst erhalten Sie keinen wirklichen Zugang. Der Verstand ist nicht daran interessiert, was den anderen Menschen wirklich bedrückt, sondern er vertritt Ihre inneren Überzeugungen und nimmt Ihnen damit auch die Chance, wirklich zuzuhören.

Versuchen Sie, sich mit Ihrem Verstand zu arrangieren. Wenn Ihr Verstand weiß, wann er eingreifen darf, dann wird er sich auch daran halten. Sehen Sie ihn nicht mehr als Anwalt Ihrer Überzeugungen, der nur Verteidigungsaufgaben in Prozessen wahrzunehmen hat, sondern als Berater im täglichen Leben. Erkennen Sie darüber hinaus, daß Sie über noch weit bessere Berater verfügen und sich nicht nur auf Ihren Verstand verlassen müssen.

Sorgen Sie für Harmonie in Ihrem Inneren. Bevorzugen Sie Ihren Verstand nicht mehr und wachsen Sie über sich selbst hinaus. Sie werden erkennen, über welche unentdeckten Schätze Sie in Ihrem Inneren verfügen. Vertrauen Sie Ihrem inneren Potential, und Sie finden Zugang zur wahren Größe Ihrer Persönlichkeit.

Unsere Bewußtseinshaltung schöpft und bewahrt

Wir gehen davon aus, daß es ein Bewußtsein und ein Unterbewußtsein gibt, denen wir bestimmte Fähigkeiten und Aufgaben zuschreiben. Einige von uns sind überzeugt, daß es auch ein Überbewußtsein gibt, das unser kollektives Wissen enthält. Diese Einteilung ist aber noch zu begrenzt, um die Gesetze des Lebens ausreichend erfassen zu können. Erst wenn wir begriffen haben, welche Mechanismen unsere Realität erschaffen, am Leben erhalten und entwickeln, können wir die Ansätze zur Entfaltung unseres Bewußtseins erkennen.

Der Mensch, das am höchsten entwickelte Wesen, verfügt über viele, sehr differenzierte Bewußtseinsebenen. Ein Tier oder eine Pflanze verfügen über weniger, und feste, unveränderliche Materie über noch weniger Bewußtseinsebenen. Dennoch, alles, was existiert, verfügt über Bewußtsein. Dieses Bewußtsein in seiner Gesamtheit ist der Schöpfungsakt, der ewig dauert.

Für uns ist es von unvorstellbarem Wert, mehr über die verschiedenen Arten von Bewußtsein zu wissen, damit wir Klarheit erlangen und unsere Entfaltung beginnen kann.

Erst wenn wir den Unterschied zwischen statischem und dynamischem Bewußtsein kennen, begreifen wir, was wir bisher unbewußt zur Beeinflussung der Realität beigetragen haben. Jeder Mensch verfügt über große Möglichkeiten, im Sinne aller positiv zu handeln.

Nur diese Erkenntnis befähigt uns, künftig bewußter auf Ursachen, Tatsachen und Umstände so einzuwirken, daß sie nach unseren Vorstellungen geschehen.

Das statische Bewußtsein wird durch die Menschen in der Gesamtheit aufrechterhalten. Aber jeder einzelne von uns verfügt über Einflußmöglichkeiten auf diesen statischen Bewußtseinszustand, um ihn seinen Wünschen und Vorstellungen anzupassen.

Beim dynamischen Bewußtsein ist unser persönlicher Einfluß wesentlich größer, wenn wir wissen, wie wir eingreifen können. Das dynamische Bewußtsein wartet geradezu auf unsere Anweisungen, damit es sich auch in unserem Sinn verhalten kann.

Ein einzelner kann die Situation vieler Menschen verändern, wenn er sich dazu fähig fühlt und eine solche Veränderung anstrebt.

Wie ich schon ausgeführt habe, ist die Ursubstanz, die allem, was ist, zugrunde liegt, Energie − Bewußtseinsenergie. Diese Energie wird in verschiedener Form sichtbar und ist nach unserem Verständnis von Raum und Zeit unterschiedlich dauerhaft.

Die Zeitspanne, wie lange etwas im Universum existiert, hängt vom Bewußtsein ab. Es gibt sehr dauerhafte Realitätserscheinungen, die sich teilweise kaum wahrnehmbar verändern. Daneben gibt es aber auch Realitätserscheinungen, die sich sehr schnell verändern, teilweise so schnell, daß wir sie kaum wahrnehmen können. Sowohl die flüchtigen als auch die dauerhaften Realitäten resultieren aus dem Bewegungsspielraum des Lebens. Und nur wir selbst, ob als einzelner Mensch oder als Gesamtheit aller Individuen, bestimmen ihre zeitliche Dauer. Wir sind es, die die Energie des Lebens hervorbringen und als statisches oder dynamisches Bewußtsein aufrechterhalten und damit alle Realitäten schaffen. Das versetzt uns auch in die Lage, alle Realitäten zu beeinflussen und so zu verändern, wie wir sie haben möchten.

Andersherum könnte man auch sagen, daß alles, was ist, nur *Jetzt*, in diesem Augenblick existiert oder ewig ist. Es gibt keinen Anfang und kein Ende, keinen Raum und keine Zeit.

Für uns ist das nicht so leicht zu verstehen, da wir für Raum und Zeit ein festes Bewußtsein entwickelt haben. In unserem täglichen Leben halten wir die Begriffe von Raum und Zeit für nicht diskutierbar, da wir alle unsere Energie darauf nur statisch konzentrieren. Damit hat für uns die Zeit eine absolut dauerhafte Existenz.

Wir stellen also fest, daß alles das von länger andauernder Realität ist, was Sie persönlich für sich oder wir alle für uns in einem statischen Bewußtsein mit Lebensenergie versorgen.

Auch die Erde und die Natur verändern sich nur wenig, weil wir alle — die gesamte Lebensenergie der Natur — ein sehr statisches Bewußtsein dafür aufrechterhalten. Gebäude und Autos haben nur eine zeitlich begrenzte, sehr unterschiedliche Lebensdauer, denn wir geben ihnen nur ein bestimmtes zeitlich begrenztes Bewußtsein. Damit existieren die Dinge in der Realität auch nur in diesem Zeitraum. Glauben wir gemeinsam, daß ein Auto im Durchschnitt eine Lebensdauer von zwanzig Jahren hat, dann ist es auch so. Wir haben dann ein auf zwanzig Jahre befristetes statisches Bewußtsein geschaffen, in dem das Auto mit Lebensenergie versorgt wird und in seiner Existenz bestehen kann. Deshalb kann ein Mensch seinem eigenen Auto weitere Lebensenergie zuführen. Es gibt Autos, die schon nach fünf Jahren auf dem Schrottplatz landen, aber es gibt auch Autos, die achtzig Jahre und älter sind. Ursache dafür ist die unterschiedliche Versorgung mit Lebensenergie durch die unterschiedliche Aufrechterhaltung eines statischen Bewußtseins.

Würden wir alle im statischen Bewußtsein des ewigen Friedens leben, gäbe es nie mehr Krieg. Alle Waffen und Abrüstungsverhandlungen wären ab sofort überflüssig. Wir müßten dieses Ziel nicht mehr Schritt für Schritt mit begrenzter Verstandesarbeit verfolgen, sondern es könnte schon morgen absolute, ewig dauernde Realität sein; genauso dauerhaft, wie wir unsere Welt als etwas dauerhaft Existentes ansehen.

Entscheidend ist unsere Erkenntnisfähigkeit. Wir müssen Aufklärung betreiben, damit allen Menschen klar wird, daß wir selbst es sind, die alle Realität erschaffen. Solange wir aber diese Bewußtseinsentwicklung der Menschheit blockieren, werden unbewußt Tatsachen geschaffen, die wir nicht wünschen und die uns alle gefährden.

Auch ein alles vernichtender Atomkrieg kann durch ein entsprechendes Bewußtsein wahr werden. Wer einen Atomkrieg für möglich hält, beteiligt sich am Entstehen einer solchen Realität und gibt seine Lebensenergie dafür her. Überlegen Sie sich, was Sie sich auf Dauer wünschen. Leben Sie im völligen Vertrauen und halten Sie Ihr Bewußtsein für alles Gute, was Sie sich wünschen, in einem statischen Zustand.

Wenn Sie sich ewigen Frieden, Gesundheit und Reichtum wünschen, können Sie diese Wünsche real werden lassen, wenn Sie unabänderlich daran glauben. Sie müssen sofort alle gegenteiligen Gedanken vergessen. Halten Sie diesen Bewußtseinszustand lange genug aufrecht, und er wird Realität werden. Bedenken Sie dabei, daß Sie diesen Bewußtseinszustand erst aufbauen müssen. Das Kraftfeld eines statischen Bewußtseins wirkt um so stärker, je länger es existiert.

Erwarten Sie also nicht, daß Ihre angestrebte Realität schon morgen von Dauer sein wird. Beginnen Sie aber sofort damit, sich Ihre Wünsche zu realisieren, indem Sie das Ziel Ihrer Wünsche ab heute als existent und statisch dauerhaft betrachten. Ihre Vision wird dann unweigerlich zur Realität.

Wenn Sie diesen statischen Endzustand aber immer wieder bezweifeln und so Ihre Lebensenergie genau entgegengesetzt investieren, werden Sie ein anderes Resultat erhalten. Sie ganz allein entscheiden, was zu Ihrer Realität wird und wie lange diese bestehen bleibt.

Leben wie im Paradies auf Erden?

Friede, Harmonie, Überfluß und alles, was wir Menschen uns erträumen, wären möglich, wenn wir lebten wie es in der Bibel steht:

> *Alles, was ihr bittet in eurem Gebet,*
> *glaubet nur, daß ihr's empfangen werdet,*
> *so wird's euch werden.*
>
> *(Markus 11, 24)*

Diese Worte stehen in totalem Widerspruch zur Weltsicht der meisten unsrer Wissenschaftler und Politiker. Entweder sind diese Worte also falsch, oder wir Menschen bringen nicht den Mut auf, diesen Gedanken zu leben.

Wir sind Realisten, zumindest glauben wir das. Wir glauben auch, daß wir realistisch *denken* müssen und nicht nur glauben dürfen, weil glauben nur einen Wunschtraum beschreibt, der uns eher ins Verderben als ins Paradies führen würde. Im Grunde haben wir Angst vor der Selbsterkenntnis, der Erkenntnis unseres Eins-Seins mit dem Schöpfer. Dazu Willis Harman und Howard Rheingold in: *Die Kunst, kreativ zu sein:*

Einerseits wollen wir erkennen (bewußt), andererseits setzen wir viel daran (unbewußt), uns vor dieser Erkenntnis zu bewahren. Maslow bezeichnete dieses Tabu gegenüber einer Art »innerer Erkenntnis« als »das Verlagen nach und die Furcht vor Erkennen«. Er meint, wir fürchten uns davor, die angsterregenden und unangegenehmen Aspekte unseres Selbst zu erkennen (die Jung sehr treffend unseren »Schatten« genannt hat). Noch mehr fürchten wir jedoch, »das Göttliche in uns selbst« zu erkennen.

Warum fällt es uns Menschen so schwer, im Denken unsere größte Schöpfungskraft zu erkennen?

Jeder von uns hat schon praktisch erfahren, daß das, was er am meisten befürchtete, auch eintrat, oder daß er erreichte, woran er unerschütterlich glaubte. Dennoch setzt sich nicht durch, was wir alle im Kern unserer Seele wissen.

Denken Sie nur einmal, wie schön unsere Welt sein könnte, wenn »alle Menschen« nur noch an Frieden, Gerechtigkeit, Gesundheit, Glück und Harmonie denken würden. Was wäre, wenn in keinem Gehirn ein negativer Gedanke gedacht würde? Nehmen wir als Beispiel den eigenen Vorteil. Kein Gehirn würde einen Gedanken an den eigenen Vorteil verschwenden, sondern alle Gehirne der Welt würden zuerst an den Nächsten denken und erst dann an sich selbst. Was wäre die Folge einer solchen Denkhaltung, die statt *ich* zunächst *du* für das Wichtigste hält?

Es gäbe weder Neid noch Haß, Krieg, Betrug, Ausbeutung. Was würde sich dadurch ändern?

Heute ist diese Vorstellung Utopie, vielleicht aber verdeutlicht dieses Bild, wie sehr unsere Gedanken unsere Realität formen! Ändern Sie Ihr Denken, damit sich Ihr Leben verändert! Probieren Sie es für sich ganz allein aus, und geben Sie Ihr Geheimnis anderen Menschen weiter, wenn diese Sie fragen, wie Sie wohlhabender, gesünder und glücklicher wurden. Nur so können wir unsere Welt positiv verändern.

Nur wenn wir unsere gewohnheitsmäßigen und über Generationen überlieferten Denküberzeugungen ändern, haben wir eine Chance, weil alles, was in unserer realen Welt existiert, nach unserem Willen geformte Energie ist. Die Energie des Universums folgt unseren Vorstellungen und wird zur entsprechenden Realität. Was wir denken und glauben ist daher von entscheidender Bedeutung, denn es bestimmt die spätere Realität. Denken wir gut, schaffen wir die Voraussetzung für eine Realität des Guten. Denken wir schlecht, schaffen wir die Grundlage für eine Realität des Negativen.

Schauen Sie sich einmal in Ihrer Umgebung um. Welche Realität zeigt sich Ihnen? Denken Sie einmal über die Überzeugungen der Menschen nach, die dazu beigetragen haben, diese Welt zu schaffen,

- in Ihrem Unternehmen,
- in der Landespolitik,
- in der Politik unserer Nation,
- in der Bildung,
- in Ihrer Familie und Ihrer direkten Verwandtschaft.

Spiegelt die Realität nicht genau die Gedanken wider?

Einige Beispiele:

Solange die einzelnen Staaten Europas mehr an das Wohl der eigenen Nation als an das Wohl aller denken, wird es kein vereintes Europa geben können. Das »trennende« Denken verhindert die Einheit Europas.

Solange die Menschen einen Krieg gedanklich für möglich halten, wird er möglich sein. Selbst die Friedensbewegungen kalkulieren mit Krieg, wenn sie sich mit der Frage der Kriegsverhinderung befassen, statt ihr Denken ausschließlich auf Frieden zu konzentrieren. Damit schaffen sie keinen Frieden, sondern verhindern Krieg – ein entscheidender Unterschied.

Solange Menschen in ihrem Denken andere für böse und schlecht halten, wird es solche Menschen geben.

Solange wir äußere Umstände für die Ursache von Wirtschaftskrisen, Krankheiten und anderen Mißlichkeiten halten, wird es so sein.

Alle sichtbare Realität ist ein Spiegel der unsichtbaren Realität. Ein genaues Abbild! Und diese Realität kann nicht durch äußeres Handeln verändert werden, wenn die unsichtbare innere Überzeugung sich nicht ändert.

Wie wir denken, so ist unsere Welt!

Wenn Sie nicht glauben, daß Ihr Denken Ihre Lebenserfahrungen verursacht, dann trifft das auch zu, weil Sie so denken. Die Folge ist: Äußere Umstände und andere Menschen haben mehr Macht über Sie und können gut oder schlecht auf Sie einwirken. Sie selbst haben sich ausgeliefert, Ihr Denken ist die Ursache dafür.

Glauben Sie, daß all das, was wir mit unseren fünf Sinnen wahrnehmen, die wirkliche Realität ist? Oder gibt es noch andere Realitäten?

Unsere fünf Sinne nehmen die materielle Welt wahr. Diese Wahrnehmung scheint uns die einzig wirkliche Realität zu sein, denn sie ist die sichtbare Wirkung: Sie ist wirklich wegen der Wirkung! Was aber ist die Ursache, die diese Wirkung erst möglich macht?

Die Ursache aller Wirkung und damit der sichtbaren, wirklichen Realität ist nicht mit unseren äußeren Sinnen erfaßbar. Darin liegt auch unser Dilemma. Denn alles entspringt dem Geist – und dieser ist nicht zu sehen, zu hören oder zu spüren. Darum können wir die wirkliche Ursache für die mit den äußeren Sinnen erfahrbare Realität nicht nachvollziehen. Wir müssen unserer eigenen Entwicklung zuliebe unsere Wahrnehmungsfähigkeit erweitern.

Ein Schlüsselerlebnis war für mich, als ich die Geschichte von Adam und Eva und vom Sündenfall eines Tages von einer ganz anderen Warte aus sah, mit einem neuen Verständnis für die Zusammenhänge.

Im ersten Buch Mose (2.3) können Sie »Das Paradies« und »Der Sündenfall« nachlesen. Der Sündenfall in der Bibel berichtet von der Verführung des Menschen durch die Schlange. Adam und Eva ließen sich von der Schlange verführen, aßen vom Baum der Erkenntnis, und Gott verbannte die Menschen aus dem Paradies und ließ von da an den Garten Eden und den Weg zum Baum des Lebens bewachen.

Soweit ist Ihnen die Geschichte sicher geläufig. Aber haben Sie sich schon einmal gefragt, ob für die Menschen der Weg zurück in den Garten Eden, um vom Baum des Lebens essen und ewig leben zu können, auch möglich ist?

Diese Geschichte ist symbolisch. Die wahre Bedeutung entzieht sich unserer Erkenntnis, wenn wir sie mit unseren äußeren Sinnen zu verstehen versuchen.

Offenbar haben die Menschen sich selbst durch falsches Verhalten von Gott, vom ewigen Leben und vom Paradies getrennt. Wir sind ausgestiegen aus dieser schönen Vision und haben uns entschieden, unserer eigenen Vision zu folgen. Wir haben erkannt, daß wir einen Fehler gemacht haben, und suchen bewußt oder unbewußt den Rückweg. Solange wir uns selbst begrenzen, werden wir ihn aber nicht finden. Solange wir in unserer eigenen Vision den Weg suchen, suchen wir vergebens.

Setzen Sie doch einmal für die Symbole des Sündenfalls folgende Bedeutungen:

Garten Eden = geborgen in Gottes Schöpfung
glücklicher Bewußtseinszustand
Erkennen des wahren Seins und des ewigen Lebens

Eva = Liebesfähigkeit des Menschen
freie Wahl
Möglichkeit zur Rückkehr

Adam = Wissensfähigkeit des Menschen/Objektivität/ Ego/Ich/eigener Wille

Schlange = die fünf Sinne des Menschen (äußere Sinne), die versuchen, uns zu verführen,

Haben Sie erkannt, wo unser Fehler liegt?

Als es in mir, ausgelöst durch diese Geschichte, »klick« machte, hatte ich auf einmal begriffen, was ich bisher falsch gemacht hatte: Ich hatte mich immer nach meinen äußeren Sinnen gerichtet. Alles, was ich damit wahrnehmen konnte, war für mich real. Mein ganzes Denken und Handeln richtete sich danach, was mir meine fünf Sinne vermittelten. Jetzt wußte ich, daß ich mich ständig von der Schlange verführen ließ, daß ich mich deshalb außerhalb des Paradieses befand, ganz auf mich allein gestellt, ohne das Glück, das ich haben könnte.

Adam und Eva sind in jedem Menschen gleichermaßen gegenwärtig: Adam als die Wissensfähigkeit, das Ego, Ich, Intellekt, und Eva als Liebesfähigkeit, als Verbindung zum Paradies, zum ewigen Leben, zu Erfolg, Glück und Harmonie. Ich verstand, was die Chinesen seit Tausenden von Jahren mit der Harmonie des Yin und Yang, der weiblichen und männlichen Seite im Menschen, meinen.

Ich hatte begriffen: Mein größter Fehler war demnach, immer wieder auf die Schlange hereinzufallen. Mir war immer wichtig gewesen, was ich objektiv wahrnehmen konnte; was ich sehen, hören, anfassen und begreifen konnte; was verständlich und logisch war. Und ich erkannte, daß ich selbst entschied, wem ich folgen wollte, der positiven Schöpfungsvision oder der Schlange.

Fortan fragte ich mich bei allen Wahrnehmungen, die mir meine fünf Sinne (die Schlange) vermittelten, ob ich ausschließlich diesen Informationen trauen solle oder ob es noch andere Informationen geben könnte. Auf diese Weise entdeckte ich mehr von meinem wahren Wesen. Ich erkannte auf einmal mehr von dem großen Ganzen, von dem ich bisher nur einen geringen Teil wahrgenommen hatte.

Wir Menschen verfügen über unvorstellbare Schöpfungskräfte.

Auf bewußter Ebene können wir unmöglich alle Informationen verarbeiten, die uns über ein universal vorhandenes Wissen zufließen. Wir sind es nicht gewohnt, unserem inneren Wissen Beachtung zu schenken. Wir ließen es unbeachtet und folgten lieber unseren fünf Sinnen. Wir trafen die Wahl, ohne einen Moment innezuhalten, um die innere Information zu überprüfen, und sie verschwand wieder im Nichts.

Das muß sich ändern, wenn wir mehr von unserem wahren Sein erfahren wollen. Unser wahres Sein ist fähig, alle Probleme zu lösen − seien es unsere eigenen oder die Probleme anderer Menschen. Würden mehr Menschen ihr wahres Sein zulassen, ihre wahre Aufgabe erkennen und übernehmen, so gäbe es viele der uns alle betreffenden Weltprobleme nicht mehr. Leid, Schicksalsschläge, Krankheit, Mißerfolg, Freude, Gesundheit, Erfolg und Glück sind ursächlich von unserem Denken und unsrer Erwartungshaftung abhängig. Wir schaffen unsere Wirklichkeit selbst.

An Ihnen liegt es, sich für die Wahrnehmung innerer Informationen zu öffnen, Ihr eigenes Leben und das Leben anderer Menschen positiv zu verändern.

Sie können lernen, sich intensiver mit der Schöpfung zu verbinden, die inneren Daten wahrzunehmen, zu beachten und auf die mit Ihren äußeren Sinnen erfahrbare Welt zu übertragen.

4. Kapitel

Zusammenfassung und Trainingsteil zur Praxis des visionären Denkens

Das Ziel

Menschen, die mit ihrem Leben zufrieden sind, die ihren Kopf frei haben von persönlichen Problemen, sind selbstbewußt, fähig und vital. Diese innere Freiheit zeigt sich positiv im Ergebnis ihres Lebens. Erfolgreiche Menschen wissen das seit langem. Henry Ford sagte es deutlich:

> *Erfolgreiche Menschen sind deshalb erfolgreich, weil sie das tun, was Durchschnittsmenschen nicht tun!*
>
> *Henry Ford*

Sie haben gelesen, was erfolgreiche Menschen anders machen, was sie tun, um ihre Wünsche und Ziele und somit sich selbst zu verwirklichen. Sie denken positiv, dadurch wirken sie erfolgreicher. Ihr Denken kreist nur um das Gute, bei allen Menschen und in allen Situationen. Sie konzentrieren sich auf Lösungen, auf Chancen anstatt auf Probleme und Hindernisse.

Erfolgreiche, nach Selbstverwirklichung strebende Menschen richten ihre Erwartungshaltung vollständig auf Erfolg aus. Ihre Ziele sind Erfolgsvisionen, die anderen Menschen ebenso nützen wie ihnen selbst. Sie sind sich ihrer ethischen Verantwortung für die Vollendung der Schöpfung bewußt und streben in ihrem Denken und Handeln nach ständigen Verbesserungen. Sie wollen ihren Beitrag leisten, an welchem Platz sie auch stehen. Diese Einstellung dem Leben gegenüber ist eine »innere« Vision, ein Energiemuster, das Ideen, Antrieb, Taten und Schaffensdrang liefert.

Auch Sie können diese Unterstützung praktisch erfahren, wenn Sie Ihr Denken verändern und lernen, ebenso zu denken wie erfolgreiche Menschen, die über ein ausgeprägtes Selbstwertgefühl verfügen. Sie können lernen, daß dieses Selbstwertgefühl kein egoistisches, sondern ein »ganzheitliches« Gefühl des Dienens und kreativen Schaffens für die Vollendung der Schöpfung ist, die Ursache für wahre Erfolge und die Kraft, die alles ermöglicht.

Das Leben kann glücklich, erfolgreich und harmonisch sein, wenn wir lernen, unsere Energie in das Gute für uns und unsere Mitmenschen zu lenken. Wenn wir uns frei machen von inneren Glaubensbegrenzungen und nach wahrer Selbsterkenntnis streben, der Erkenntnis, daß jeder Mensch über das gleiche Potential an Schöpfungskraft verfügt. Es geht nur darum, dieses verschüttete Potential an Kreativität und Schöpfungskraft zu entdecken und zu entfalten, zum eigenen und zum Wohl aller Menschen. Dies ist das Ziel.

Der Weg

Alles, was uns umgibt, sind materialisierte Gedanken, Ideen und Visionen. Unser Leben besteht darin, Erfahrungen zu sammeln. Darum ist unsere Welt die Dimension der materialisierten Erfahrungen, die sichtbare und erfahrbare Realität. Daneben existiert eine unsichtbare Realität, der Schöpfungsprozeß, der sich zunehmend manifestierenden Evolution. An dieser Evolution sind wir Menschen am stärksten beteiligt. Jeder Gedanke, jede Idee und jede Vision wird zu irgendeinem Zeitpunkt sichtbare Realität. Dieser Schöpfungsverantwortung sind wir Menschen uns in vollem Umfang noch nicht bewußt geworden.

Beginnen wir zunächst, diese Schöpfungskräfte zu verstehen und für eine Realität nach unseren Wünschen einzusetzen. Aus diesen Erfahrungen lernen wir, wie wir unsere gemeinsamen Probleme lösen und zu einer besseren Welt beitragen können.

Die nachfolgenden Trainingsschritte werden aufzeigen, wie wir fast unbemerkt Lebenserfahrungen schöpfen, die uns unzufrieden machen oder unseren inneren Frieden belasten. Sie zeigen, warum wir vom richtigen Weg abkommen (uns selbst aus dem Paradies verbannen). Wir haben zwei Möglichkeiten:

1. Aus Leid, Erfahrungen, Sorgen, Krankheit und Problemen zu lernen, um künftig von vornherein anders zu handeln.

2. Den Weg der Erkenntnis unserer wahren Natur, durch die wir zu unserem Sein, unserem Schöpfungsauftrag und damit zu unserem Schöpfer und einem wundervollen, erfüllten Leben zurückfinden können.

Es gibt viele Bücher über die Macht des Unterbewußtseins, über die Kraft positiven Denkens, über Bewußtseinserweiterung, über Meditation und Yoga, die uns Hilfe und einen Weg bieten, unsere wahre Natur und Verbundenheit mit allem, was ist, wiederzufinden.

Doch auch mit Hilfe dieser Bücher und Methoden erreichen wir dieses Ziel noch nicht, da wir Menschen uns im Laufe der Zivilisation zu weit vom Ursprung unseres Seins entfernt haben. Uns bringen nur noch sichtbare Wunder auf den rechten Pfad zurück.

Warten Sie nicht darauf, daß Ihnen jemand Wunder demonstriert, damit Sie glauben können. Praktizieren Sie die folgenden Trainingsschritte, und schaffen Sie sich Ihr eigenes Schicksal, erkennen Sie, wie Sie selbst alle negativen und positiven Lebenserfahrungen lenken. Wenn Sie willens sind, zielgerichtet Ihre Selbsterkenntnis und Selbstverwirklichung anzugehen, werden Sie die *innere Führung* erfahren, die Ihr Leben und das Leben aller Menschen zu mehr Erfolg, Glück und Zufriedenheit führt. Sie werden zu neuen Lösungen in Ihrem Alltag gelangen. Ihre Intuition wird Sie in Ihrem Privatleben wie auch im Beruf zu neuen Erfahrungen führen.

Sie werden sich Ihrer wahren Schöpfungskraft bewußt, und das wird Ihnen helfen, künftig bewußt das in Ihr Leben zu ziehen, was Sie sich wünschen, und bewußt das zu vermeiden, was Sie bisher unbewußt durch Ihre Denkhaltung angezogen haben.

Ihre Gedanken- und Gefühlsinhalte, Ihre Visionen sind die Muster, nach denen sich Ihr Leben gestaltet. Lernen Sie, visionär zu denken, und gestalten Sie fortan Ihr Leben nach Ihren Vorstellungen und Wünschen. Tragen auch Sie dazu bei, daß Mißschöpfungen durch unbewußt schädliche Denkhaltungen unterbleiben und sich unsere Welt mehr und mehr in eine lebenswerte Welt zurückverwandelt — zu Ihrem persönlichen Glück und zum Glück aller Menschen.

Die vier Trainingsschritte zum visionären Denken

1. Rationalisierung geistiger Arbeit
2. Bewußtwerdung des inneren Reichtums
3. Aktivierung der seelischen Arbeit zur Selbstentfaltung
4. Selbst- und Fremdverpflichtung zu Visionen

1. Rationalisierung geistiger Arbeit

Jeder Mensch kann über sich selbst hinauswachsen, indem er seine körperlich-geistige Arbeit rationalisiert und seine seelische Arbeit entwickelt.

Unter körperlich-geistiger Arbeit verstehen wir den Einsatz unserer Verstandeskräfte, unsere Reaktion aufgrund intellektueller Beurteilung von Menschen und Situationen. Wir treffen unsere Entscheidungen spontan nach unseren inneren Überzeugungsmustern, nach den Glaubenssätzen, die in unserem Bewußtsein und Unterbewußtsein gespeichert sind, auch wenn diese gleichzeitig Beschränkungen und Grenzen, also innere Widerstände, beinhalten, die sich unserer Selbstverwirklichung in den Weg stellen. Diese entstanden unbewußt aus Unwissenheit und wurden von Generation zu Generation weitergegeben.

Die Glaubensüberzeugungen, das »kollektive Unbewußte«, wie C.G. Jung es nannte, steuert unser Denken, Fühlen und Verhalten mehr unbewußt als bewußt. Rupert Sheldrake bezeichnet sie als »morphogenetische Felder« und meint, daß die Schöpfung jeweils auf der Grundlage dieses Ausgangsmaterials aufbaut. Jeder Gedanke und jede Schöpfung im Universum verändert das »morphogenetische Feld«, nichts bleibt unbemerkt. Dieser bisherige Erfahrungsschatz der Evolution bildet die Grundlage für die weitere Entwicklung.

Wir wissen, daß wirkliche Fortschritte selten auf Erfahrungswerten beruhten, sondern meist kreative, inspirative Leistungen waren, die durch die Überwindung innerer Begrenzungen entstanden – wenn eine positive Erwartungshaltung verbunden mit Vertrauen eine von hemmenden Einschränkungen freie Quelle erschloß, aus der alle Schöpfung hervorgeht.

Nach dem heutigen Erfahrungsstand gibt es sicher noch keine »kollektiven« Überzeugungen dafür, daß sich ein Mensch beispielsweise ohne Fluggerät in Sekunden an einen Tausende von Kilometer entfernten Ort begeben könnte. Die Überzeugung, daß es auf anderen Planeten Leben gibt, ist sicherlich schon weiter verbreitet.

Die Evolution speist sich aus dieser Quelle, weil wir Menschen uns diese »Erfahrungen« als Quelle gewählt haben. (Erinnern Sie sich an den Sündenfall im Garten Eden?) Wir gehen einen langen, beschwerlichen Weg, indem wir uns an unmerklichen Erfahrungen unserer begrenzten Wissensfähigkeit orientieren. Häufig ziehen wir deshalb den Schluß: unmöglich!

Alle wissenschaftlichen Erkenntnisse und Denkhaltungen entstammen der gleichen »kollektiven« Bindung an unsere einmal getroffene Wahl: *Wir sind wissend.*

Diese Bindung stellt unsere größte Herausforderung dar. Unser Ziel muß es sein, sie zu überwinden.

Wenn wir diesen Schritt gehen, erweitert sich unsere Wahrnehmung und führt uns in Bereiche, die neue Lösungen und Schöpfungen ermöglichen.

Der erste Schritt auf diesem Weg ist die Rationalisierung unserer körperlich-geistigen Arbeit mit dem Ziel, aus dieser kollektiven Wahrnehmung herauszutreten, um mehr von der ganzen Realität wahrzunehmen. Dazu müssen Sie folgendes akzeptieren:

1. Alles, was wir mit unseren fünf Sinnen erfassen können, ist die sichtbare Struktur eines unsichtbaren Ursprungs. Alle Schöpfung ist materialisierter Geist, ist Licht, Energie oder Bewußtsein, das Form angenommen hat. Verursacht wurde diese Form durch eine unbegrenzte Schöpfungskraft, die vollkommen ist, die auch in Ihrem Inneren vorhanden ist, aber nicht immer vollkommen zum Ausdruck kommt.

2. Diese Schöpfungskraft wirkt unpersönlich und leidenschaftslos und bringt hervor, was erwartet und woran geglaubt wird.

3. Sie sind ein Teil dieser Schöpfungsquelle und unsichtbaren Struktur, ein lernender Teil im Umgang mit Schöpfungskraft.

4. Alles, was der Mensch in seinem individuellen Leben und im gemeinsamen Leben aller Menschen erlebt und erfährt, ist der sichtbare Ausdruck dieser Schöpfungskraft oder ihrer Anwendung: Sie erschaffen Ihre Realität! Wir alle gemeinsam erschaffen unsere Realität!

5. Die Realität ist kein Gottesgeschenk, sondern ein Ausdruck der sich vollendenden Schöpfung, die sich auch durch Sie vollzieht, denn Sie sind ein Teil davon.

6. Jeder Mensch hat die freie Wahl, die ihm von unserem Schöpfer zugestanden wurde. Sie gehört zum spirituellen Wachstumsprozeß und kennzeichnet die persönliche Verantwortung eines jeden Menschen für seine eigene Entwicklung.

   So dürfen auch Sie diese freie Wahl nicht mißbrauchen, indem Sie in die Entwicklung eines anderen Menschen eingreifen, um zu bestimmen, wie dieser sich entwickeln soll. Bieten Sie stets Hilfe zur Selbsthilfe, überlassen Sie die Wahl aber jedem Menschen selbst.

Wenn Sie diese Urgesetze akzeptieren können, haben Sie den ersten Schritt getan. Der zweite Schritt besteht darin, Ihre

Überzeugungen kennenzulernen, um zu wissen, was Sie wirklich in Ihrer Seele wollen, und welche Überzeugungen Sie bisher daran hinderten.

Die folgenden Übungen (Seite 163 bis 174) werden Ihnen helfen, Ihre unbewußten Wünsche und Widerstände zu klären. Sie können die Antworten in einer Übung mit dem Partner oder in entspanntem Zustand allein finden. Damit Sie zu guten Ergebnissen kommen, beachten Sie bitte folgende »Spielregeln«:

Bei der Partnerübung:

Setzen Sie sich Ihrem Partner gegenüber. Ihr Partner hat die Aufgabe, Sie möglichst »im Fluß« zu halten, also dafür zu sorgen, daß Sie ohne großes Nachdenken spontan antworten. Dazu wiederholt er immer die Übung, um Sie zu einer Spontanantwort zu motivieren. Wiederholen Sie ruhig einige Antworten, wenn Sie ins Stocken geraten, aber versuchen Sie, »im Fluß« zu bleiben. Ihr Partner notiert in Stichpunkten Ihre Antworten.

Diese Übung sollten Sie mindestens drei Minuten lang durchhalten. Danach können Sie mit Ihrem Partner wechseln und seine Aufgabe übernehmen.

Bei der Einzelübung:

Bevor Sie beginnen, sollten Sie sich in einen entspannten Zustand versetzen. Vergessen Sie während dieser Übung alle Sorgen und Gedanken. Seien Sie es sich selbst wert und gönnen Sie sich ausreichend Zeit. Sie sollten sich für jede Übung genau fünf Minuten Zeit nehmen. Versuchen Sie, möglichst spontan alles bewußt auszusprechen (eventuell auf ein Tonbandgerät) oder aufzuschreiben. Beachten Sie: Je besser Sie »im Fluß« bleiben, desto weniger sind verstandesmäßige Überlegungen im Spiel. Es kommt darauf an, möglichst viel aus Ihrem Unterbewußtsein bewußt werden zu lassen. Wenn Sie zu lange überlegen, sortieren Sie schon wieder aus, und das sollten Sie unbedingt vermeiden.

Sie sprechen die Übung laut und beenden Sie mit dem, was Ihnen dazu einfällt.

Beispiel für eine Übung:

Ich fühle mich unglücklich, wenn ich . . .
. . . eine Rede halten muß.
. . . zu wenig Zeit für meine Familie habe.
. . . einen Mitarbeiter entlassen muß.
. . . zu wenig von dem erledigt habe, was ich wollte.
. . . usw.

Sie lesen die Übung laut und ergänzen den Ausgangssatz durch möglichst spontane Einfälle, die Sie notieren.

So erhalten Sie zwei Bilanzen:

1. Eine Bilanz der Glaubensüberzeugungen, die Ihr Denken, Fühlen und Verhalten limitieren und Sie deshalb in Ihrer Selbstverwirklichung begrenzen.

2. Eine Bilanz der inneren Wünsche und Sehnsüchte, die Sie gerne ausleben möchten, weil sie Sie glücklicher und zufriedener machen würden.

Später analysieren Sie Ihre Antworten. Sie werden feststellen, daß sich bestimmte Glaubensüberzeugungen, die scheinbar ohne Zusammenhang sind, zu Kernüberzeugungen verbinden lassen. Sie erkennen, warum es Ihnen bisher nicht möglich war, Ihre Wünsche zu realisieren, oder warum Sie Menschen und Situationen geradezu magnetisch in Ihr Leben gezogen haben. Dann sind Sie in der Lage, durch visionäres Denken Ihre Glaubensüberzeugungen zu verändern.

Übungen zum Aufdecken innerer Begrenzungen und Erfolgsblockaden:

Ich fühle mich unglücklich, wenn ich . . .

_____

_____

_____

_____

_____

_____

Es macht mich schwach und hilflos, wenn ich . . .

_____

_____

_____

_____

_____

_____

_____

Übungen zum Aufdecken innerer Begrenzungen und Erfolgsblockaden:

Ich kann an mir selbst nicht leiden, daß ich . . .

_____

_____

_____

_____

_____

_____

_____

Ich schränke die Willensfreiheit anderer Menschen ein, wenn ich . . .

_____

_____

_____

_____

_____

_____

Übungen zum Aufdecken innerer Begrenzungen und Erfolgsblockaden:

Ich habe Angst, wenn ich . . .

_____

_____

_____

_____

_____

_____

Ich kann an meiner Lebenssituation selbst nichts ändern, weil ich . . .

_____

_____

_____

_____

_____

_____

Übungen zum Aufdecken innerer Begrenzungen und Erfolgsblockaden:

Ich könnte mehr Erfolg haben, wenn ich . . .

_____

_____

_____

_____

_____

_____

_____

Ich habe Schuldgefühle, wenn . . .

_____

_____

_____

_____

_____

_____

_____

Übungen zum Aufdecken innerer Begrenzungen und Erfolgsblockaden:

Es war ein Fehler, daß ich . . .

_____

_____

_____

_____

_____

_____

Es behindert mich, daß ich abhängig bin von . . .

_____

_____

_____

_____

_____

_____

Übungen zum Aufdecken innerer Begrenzungen und Erfolgsblockaden:

Ich kann nicht vergessen und verzeihen, daß . . .

_____

_____

_____

_____

_____

_____

Ich kann einfach nicht glauben, daß . . .

_____

_____

_____

_____

_____

_____

Übungen zum Erkennen der inneren Wünsche und Sehnsüchte:

Ich bin glücklich, wenn . . .

_____

_____

_____

_____

_____

_____

Ich kann alles haben, darum wünsche ich mir . . .

_____

_____

_____

_____

_____

_____

Übungen zum Erkennen der inneren Wünsche und Sehnsüchte:

Es bringt mir Spaß und Lebensfreude, wenn ich . . .

_____

_____

_____

_____

_____

_____

Ich fühle mich reich, wenn ich . . .

_____

_____

_____

_____

_____

_____

Übungen zum Erkennen der inneren Wünsche und Sehnsüchte:

Ich kann anderen Menschen etwas geben, indem ich . . .

_____

_____

_____

_____

_____

_____

_____

Wenn ich frei von Verpflichtungen wäre, würde ich . . .

_____

_____

_____

_____

_____

_____

_____

Übungen zum Erkennen der inneren Wünsche und Sehnsüchte:

Wenn ich Schöpferkräfte hätte, würde ich . . .

_____

_____

_____

_____

_____

_____

2. Bewußtwerdung des inneren Reichtums

Nach diesen oder ähnlich formulierten Übungen zur Selbstorientierung, wie unmittelbar vorhergehend beschrieben, werden Sie Ihre Persönlichkeit unter einem veränderten Blickwinkel und weit bewußter wahrnehmen. Sie kennen jetzt die Glaubenssätze, die Ihre Entfaltung bisher behinderten, und auch die Wünsche und Sehnsüchte, vor deren Verwirklichung Sie sich aber bisher aus »unbewußten« Gründen drückten.

Verschaffen Sie sich daher zunächst Klarheit darüber, warum Sie sich »unbewußt« so verhalten haben. Dazu müssen Sie sich intensiv mit Ihren Aufzeichnungen zu Ihren Glaubenssätzen auseinandersetzen und versuchen, die »innere« Ordnung zu erkennen – Ihre Kernüberzeugungen.

Häufig sind gerade die beiden Extreme einer Sache in uns aktiv, so daß wir mal der einen, mal der anderen Seite unsere Aufmerksamkeit schenken. Wir erkennen nicht, daß beide Seiten nur die Symbole unserer Lernerfahrung darstellen. Ähnlich wie bei einer Medaille spiegelt jede Seite einen Aspekt der gesamten Medaille wider.

Da wird beispielsweise auf der einen Seite immer wieder der Wunsch nach mehr Freiheit, weniger Verantwortung, vielen Reisen deutlich, andrerseits hört man auch das genaue Gegenteil: Zuviel Verantwortung, keine Möglichkeit zur Entfaltung, kein Geld, Ideen werden nicht erkannt, man muß sich der Macht andrer beugen.

Da ich diese Übungen auch in meinen Seminaren durchführe, weiß ich, wie schwer es zunächst erscheint, den »roten Faden« bei der Auswertung zu erkennen, der sich durch unsere Glaubensüberzeugungen zieht. Mit ein wenig Mühe werden Sie aber konkret erfahren, wo Ihre Chancen liegen, zu mehr Erfolg und Glück zu gelangen. Häufig ist auf Anhieb erkennbar, wo das zentrale Problem liegt, besonders wenn Sie sich regelmäßig mit Selbstorientierungsübungen trainieren. Lassen Sie sich nicht von Ihrem Verstand dazu verleiten, es gar nicht erst zu versuchen. Bleiben Sie dabei. Nach Ihrer Analyse wissen Sie um ein Vielfaches besser Bescheid, wie Sie Ihr Leben zu mehr Erfolg und Glück führen können.

Gleichzeitig werden Sie Überraschendes feststellen. Sie werden erkennen, warum in Ihrem Leben bisher einiges so unendlich schwer, anderes so unendlich einfach war; warum Sie bestimmte negative Ereignisse in Ihr Leben zogen und positive, die Sie sich sehnlichst seit längerer Zeit wünschen, immer noch nicht eingetreten sind.

Es ist fast unglaublich, welch zentralen Einfluß unsere Geisteshaltung auf unsere Lebenserfahrungen, auf unseren Alltag hat. Ich werde es Ihnen an zwei Beispielen verdeutlichen:

In einem Seminar in Hannover deckte ich den zentralen Glaubensinhalt einer jungen Frau auf, der ihr Leben bis dahin unbemerkt beeinflußt hatte und dafür verantwortlich war, daß sie negative Erfahrungen durchmachen mußte. Dieser Glaubensinhalt bestand in mangelndem Selbstwertgefühl. Aus vielen ihrer Denkweisen sprach ein Gefühl der Wertlosigkeit, und entsprechend verliefen natürlich auch ihre Lebenserfahrungen. Sie lernte Männer kennen, die sie wertlos behandelten, sie schlugen und betrogen. Sie fand grundsätzlich nur schlechte berufliche Anstellungen. Die Arbeit machte ihr keinen Spaß, und sie war immer die am schlechtesten bezahlte Arbeitskraft. Später schrieb sie mir einen Brief, in dem sie mir mitteilte, wie sehr sich ihr Leben durch diese Erkenntnis und die Veränderung ihrer Glaubensinhalte positiv verändert hatte.

Ähnlich erging es einem Unternehmer. Seine Kernüberzeugung war: »Nur große Anstrengungen bringen Erfolg.« Als er diese Überzeugung aufgab, ging alles ganz leicht. Hatte er bisher seine Steuern immer nur in letzter Minute bezahlen können – und das unter größter Anstrengung – fiel ihm das nun nicht mehr schwer. Aufträge, für die er vorher sehr viele Angebote abgeben mußte, weil sie immer viel zu knapp kalkuliert waren, kamen auf einmal herein, ohne daß er sich sehr bemühen mußte. Er baute sein Geschäft mit großem Erfolg aus. Und er fand, daß es nun ganz leicht wäre.

Lassen Sie sich durch diese beiden Beispiele motivieren, Ihre Kernglaubenssätze zu ermitteln. Geben Sie nicht zu früh auf — zum Aufgeben ist es immer zu früh.

In diesem Zusammenhang möchte ich Sie mit einem geistig-seelischen Naturgesetz bekanntmachen, das Sie automatisch zu Glück und Erfolg führt, wenn Sie es beachten: das Gesetz der Dankbarkeit. Dankbarkeit für alles, was Ihnen zukommt, wird Ihnen im Gegenzug in wachsendem Maße all das verschaffen, was Sie sich wünschen. Ihre Dankbarkeit ist dabei sozusagen die Ursache, die unfehlbar ihre Wirkung zeigen wird. Sie verdienen sich durch Dankbarkeit die Früchte Ihres Lebens.

Wer alles im Leben als Selbstverständlichkeit ansieht und ohne ein Zeichen von Dankbarkeit hinnimmt, steht außerhalb des Wirkungskreises dieses Gesetzes. Wer aber dankbar für alles ist, was in sein Leben tritt, der zeigt seine Demut dem Leben gegenüber und wird alles empfangen. Nun mögen Sie sagen, daß Sie dankbar für alles sind, was in Ihr Leben tritt. Aber stimmt das wirklich? Sind Sie auch dankbar für die Fehlschläge, die Unannehmlichkeiten und Probleme Ihres Lebens?

Sie sollten für alles dankbar sein, für Ihre Erfolge ebenso wie für Ihre Rückschläge und Fehler. Ohne die Einsicht, daß man aus Fehlern mehr lernt und somit letztlich auch mehr Vorteile zieht als aus leicht errungenen Siegen, kommt niemand weiter.

Denken Sie immer daran, daß Ihnen das Leben mit Fehlern, Rückschlägen und Mißerfolgen nur zeigen will, daß Sie auf dem falschen Weg sind. Beachten Sie diese Hinweise frühzeitig, betrachten Sie sie als guten väterlichen Rat und vergessen Sie nicht, daß Ihr Dank wirksame Folgen hat, weil es sich um ein von der Natur gesetztes Prinzip handelt.

3. Aktivierung der seelischen Selbstentfaltung

Auf körperlich-geistiger Ebene haben Sie nach diesen Übungen das zunächst Notwendige getan für eine gute Ausgangsposition zum visionären Denken. Jetzt gilt es, Veränderungen durch seelische Arbeit herbeizuführen.

Die seelische Arbeit beginnt mit der Entwicklung von Visionen — schriftlichen Formulierungen des erstrebten »Endzustandes«.

Visionen tragen die ausschlaggebenden, weil letztendlich handlungsauslösenden Motivationen zur schrittweisen Zielverwirklichung in sich. Sie sind Ihr seelisches Energiepaket, die Sie zur besseren Einprägung schriftlich formulieren. Wie Ihre Visionen aussehen könnten, zeigen die folgenden Beispiele.

Vision für Kreativität

> Ich bin der Schöpfer/die Schöpferin meines Lebens — meiner eigenen Realität.
>
> Ich habe jeden Tag originelle Ideen und fühle mich inspiriert und mutig, sie in die Tat umzusetzen.
>
> Ich öffne mich dem Strom schöpferischer Energie, so daß für jedes Problem eine Lösung sichtbar wird.
>
> Ich nutze alle Probleme als Chance zur Entfaltung meiner Kreativität.
>
> Ich bin ein Kanal für Kreativität und Ideen.
>
> Ich denke über bessere Lösungen nach, und darum finde ich auch immer bessere Lösungen.

Vision für bessere Entscheidungen

Ich besitze eine gute Urteilskraft und vertraue meinen Entscheidungen.

Ich entscheide niemals vorschnell, dafür aber exakt.

Ich bin dankbar für jede Entscheidung, die ich getroffen habe, denn ich weiß um meinen inneren Beistand.

Ich bleibe bei meinen Entscheidungen, denn wenn ich sie treffe, sind sie richtig. Ich erwarte nur Gutes.

Ich entscheide schnell und sicher, daher bin ich äußerst produktiv.

Ich weiß immer, was als nächstes zu tun ist.

Vision für bessere Konzentration

Ich bin immer konzentriert und vollkommen aufmerksam.

Ich bin selbst dann konzentriert, wenn um mich herum viele andere Dinge passieren.

Während meiner Konzentration kann mich der Rest der Welt nicht mehr stören.

Konzentriert arbeite ich an sinnvollen und wirklich wichtigen Aufgaben.

Ich habe ein Gespür dafür, das Richtige zur rechten Zeit zu tun.

Vision für Selbstvertrauen und Courage

Ich bin voller Selbstvertrauen.

Ich bin selbstsicher in allen Situationen.

Ich löse selbstbewußt Probleme, und das macht die Lösung wesentlich einfacher.

Ich bin den besten und fähigsten Menschen ebenbürtig und voller Vertrauen, selbst große Taten zu vollbringen.

Ich verbessere mich ständig, in jeder Phase meines Lebens.

Ich liebe und schätze mich selbst und spüre die positive Verstärkung durch mein Selbst.

Vision für Eigeninitiative und Motivation

Ich handle immer dann, wenn es notwendig ist.

Ich erledige alle meine Arbeiten kreativ.

Ich helfe gerne anderen, denn damit helfe ich mir selbst.

Ich führe immer alles zu einem erfolgreichen Ende, was ich einmal begonnen habe. Der Erfolg ist mein Ziel.

Ich kann und ich will jeden Widerstand brechen.

Ich bin zielstrebig und erfreue mich an meiner Leistung.

Vision für Erfolg

Ich bin erfolgreich bei allem, was ich auch tue.

Ich freue mich über jede Chance und jeden Zufall, der meinen Erfolg fördert und festigt.

Ich erreiche jedes Ziel mit einem Minimum an Aufwand.

Ich gebe gern, denn ich weiß, um so mehr erhalte ich dann.

Ich sehe in jedem überwundenen Hindernis einen weiteren Schritt zu meinem Erfolg.

Ich habe nicht nur Erfolg, ich bin ein Erfolg.

Vision für Geborgenheit und innere Führung

Ich weiß, daß in mir und durch mich die göttliche Liebe wirkt und Wunder vollbringt.

Ich werde geführt von der inneren Weisheit meiner Seele.

Ich bin ein Kanal, durch den göttliche Liebe fließt; so trage ich bei zum Wohl aller.

Ich spüre die Gegenwärtigkeit und Kraft des Schöpfers in allen Situationen.

Ich erkenne intuitiv die Lösung jedes Problems, denn Gott zeigt mir immer den Weg.

Neben diesen ziel- oder problemorientierten Visionen sollten Sie eine Vision zu Ihrer Persönlichkeit entwickeln. Sie könnte folgendermaßen aussehen:

Ich bin geschätzt bei meinen Freunden und Kollegen; sie kommen gerne auf mich zu, wenn sie eine objektive Meinung oder Rat brauchen, denn sie wissen, daß ich offen bin alle Fragen und vielfältige Interessengebiete habe wie:

* Positives Denken
* Visionäres Denken
* Bewußtseinssteigerung
* Neue Managementfähigkeiten
* Geistig-seelische Erfolgsfaktoren

Ich bin gesegnet mit dem nötigen inneren Wissen, kann unterscheiden zwischen bestehender Realität, Ziel und Vision und Illusion, bin frei von überlieferten oder selbst auferlegten Glaubenssätzen und kann mich deshalb vollkommen entfalten.

* Ich bin produktiv und erfolgreich in jeder Hinsicht.

* Ich erkenne und nutze jede Chance, um mein inneres Wissen anderen Menschen weiterzugeben.

* Ich bin dankbar für meinen Erfolg.

* Das ist so!

Alle Aktivitäten werden durch seelische Arbeit mit Hilfe Ihrer Vision verursacht und ausgelöst. Aufträge werden Ihnen ohne Ihr bewußtes Zutun erteilt. Sie werden erkennen, was uns durch Zufall zu-fallen kann, wenn wir vorab durch die seelische Arbeit ein Ziel definieren.

Probieren auch Sie es aus. Sie werden überrascht sein.

4. Selbst- und Fremdverpflichtung zur Arbeit mit Visionen

Ihnen ist nun bewußt geworden, wie Gedankenvisionen sich materialisieren, zur erlebten Realität werden können. Ziel dieses Buches ist, Ihnen den Weg zu zeigen, wie Sie durch visionäres Denken Ihr Leben verbessern können und gleichzeitig zu einer besseren Welt beitragen.

Es muß uns gemeinsam gelingen, den Umschwung in unserer Denkhaltung vom »Was ich will, muß geschehen« auf »Dein Wille geschehe« zu schaffen. Nur dann erreichen wir inneren Frieden und Harmonie in unserem Zusammenleben.

So wie unser Körper aus einzelnen Zellen einen gesamten Organismus bildet, so besteht auch unsere Gesellschaft aus einzelnen Zellen; aus Familien, Unternehmen, Staaten und Gemeinschaften. Ebenso wie ein Körper nur gesund sein kann, wenn alle Zellen ihre Kraft zum Gesamtwohl des Körpers einbringen, kann unsere Welt nur gesunden, wenn wir Menschen uns gleich diesen Körperzellen verhalten — nach den Gesetzen des Schöpfers, der Harmonie, der Liebe zueinander. Denn: Alles ist eine Einheit. Wird diese Einheit gestört, gibt es Disharmonie und damit die negativen Erlebnisse, die wir nicht wünschen.

Beginnen Sie heute damit, Ihrem Leben eine neue Richtung zu geben. Erfolg, Zufriedenheit und inneres Glück können Sie erfahren. Die Früchte, die Sie ernten werden, sind ein erkennbares Zeichen für Ihre Mitmenschen, das dazu führen wird, daß auch sie ihre Lebenseinstellung überprüfen werden. Damit erbringen Sie Ihren Beitrag zur Vollendung der Schöpfung.

Wir müssen endlich begreifen lernen, daß unsere Gedanken Realität werden. Solange der einzelne nur an sich denkt, wirkt er zerstörend in seiner Familie, seinem Unternehmen und in seiner Umwelt. Der Organismus, unsere Welt, bleibt solange krank, wie wir das nicht ändern. Sie erkennen, daß die geistigen Naturgesetze immer Gültigkeit haben: wie im kleinen, so im großen.

Verpflichten Sie sich daher selbst; schließen Sie mit sich selbst einen Vertrag, künftig Ihr Leben nach den geistigen Gesetzen unseres Schöpfers zu leben. Damit gewinnen Sie alles, was Sie sich in Ihrer Seele wünschen. Bedenken Sie dabei, daß auch Sie ein Teil des großen Ganzen sind; eine Zelle im Organismus unserer Welt. Wenn Sie sich auf die Erreichung des Gesamtwohls konzentrieren, dann werden Sie selbst dazu beitragen, daß sich alles zum Guten wendet – Ihr Leben und das Leben in Ihrem Umfeld. Harmonie ist das Leben des Körpers, des Menschen, der Familie, der Unternehmen und unserer Gesellschaft.

Schauen Sie sich einmal in unserer Welt um, in Ihrer Firma, in der Politik, im täglichen Leben mit uns selbst und unseren Mitmenschen. Wie wird gedacht, welche Visionen werden geboren? Beruht unser Denken, Fühlen und Handeln auf egoistischen Standpunkten? Formulieren wir in unserem Geist einseitige, ich-orientierte Visionen, die uns als einzelner, als Gruppe oder Nation Vorteile verschaffen sollen? Oder leben wir das geistige Naturgesetz des Gemeinwohls?

Erkennen Sie, wie Sie Ihr Leben verändern können zu Glück, Erfolg und Harmonie. Erkennen Sie Ihre Aufgabe und Ihren Platz in der Schöpfung.

Es hat sich gezeigt, daß negatives Denken zu negativen Erfahrungen führt, daß Gedanken Kräfte sind, Visionen dessen, was sich materialisieren wird. Darum ist es so wichtig, daß jeder einzelne sich dieser Verursachungskraft bewußt wird. Jeder Mensch ist ein Schöpfer – der Schöpfer seiner Erfahrungen.

Bemühen wir uns daher künftig mehr um das, was wir für uns persönlich und für andere schöpfen wollen. Schreiben Sie Ihre Visionen auf! Verpflichten Sie sich selbst dazu, mit diesen

Visionen zu arbeiten. Und wenn Sie einer Organisation vorstehen, sei es als Unternehmer, Führungskraft, Politiker, Vereinsvorstand, so entwickeln Sie für diesen Organismus Visionen. Behalten Sie diese Visionen aber nicht für sich, sondern machen Sie jeden einzelnen damit bekannt, der diesem Organismus angehört. Jeder muß das gemeinsame Ziel kennen, wenn er seinen Teil beitragen soll. Und jeder muß sich selbst als einen wichtigen Teil dieser Vision sehen. Er muß die Wichtigkeit seines Anteils erkennen, den er selbst zur Verwirklichung beitragen kann. Sieht er sich als wichtiges, unverzichtbares Teilchen im Puzzle der Schöpfungsvision, so erkennt er seinen Wert, und sein Selbstwertgefühl wird wachsen und in ihm die Motivation und Fähigkeiten zur Selbstverwirklichung wecken. Erkennt er in der Vision seinen Platz und damit sich selbst, dann wird er die Zielverwirklichung anstreben. Das führt zu Begeisterung, innerem Antrieb, Freiheit im Denken, zur Freisetzung der erforderlichen Fähigkeiten. Die gemeinsame Vision wird gemeinsam verwirklicht.

Meine Vision für eine bessere Welt

Ich freue mich darüber, daß es so kam, wie der Schöpfer es wollte. Ein neues Denken voller Liebe und gegenseitiger Achtung hat sich durchgesetzt. Die Mehrzahl der Menschen ist erwacht. Sie wissen jetzt, woher sie kamen, warum sie leben und worin der Sinn ihres Lebens liegt. Das Erwachen setzt sich mit unvorstellbarer Geschwindigkeit fort. Es fällt schwer, sich an die alte Welt zu erinnern.

Aus allem, was uns umgibt, schaut uns das Leben in seinen schönsten Farben an. Schon morgens, wenn wir die Tageszeitung aufschlagen, lesen wir vom Guten und Schönen in dieser Welt, von den Vorstellungen und guten Taten unserer Mitmenschen. Unsere Fernsehprogramme sind unterhaltend und lehrreich. Sie vermitteln uns bildhafte Visionen unseres unaufhaltsamen, spirituellen Wachstums. Filme, die das Leid, die Sorgen und Qualen von Menschen, Tieren und der Natur zeigen, gibt es nicht mehr, denn die meisten Menschen haben die Wende vollzogen. Sie wissen, daß das in unser Leben tritt, was wir in unseren Gedanken und Visionen mit Aufmerksamkeit versorgen. Deshalb hungern sie geradezu nach allem Schönen und Guten, nach Berichten, Büchern und Filmen, die unsere Vision vom vollkommenen Leben fördern. Jeder weiß, wie schädlich und selbstzerstörerisch es war, als wir uns noch mit dem Gegenteil in unserem Denken beschäftigten. Jetzt erkennen wir in allem Gott, unseren Schöpfer. Seine Liebe, Güte und Schöpferkraft erkennen wir in jedem von uns.

Alles, was wir kraft unserer Gedanken und der daraus folgenden Handlungen schöpfen, ist nützlich und gut für alle; für unsere Mitmenschen, für die Natur, für die ganze Welt. Jeder ist erfolgreich, glücklich und zufrieden, denn Erfolg wird jetzt umfassender gesehen; nicht mehr individuell, sondern ausgerichtet nach dem höchsten Gesetz: Liebe deinen Nächsten wie dich selbst.

Wir haben dieses Gesetz verstanden und wissen, daß es nicht bedeutet, uns für andere zu opfern, sondern unserem Schöpfer in allem zu dienen. Er ist in uns als unser Selbst und in allem, was überhaupt existiert. Darum suchen wir auch unser Glück in uns selbst, im Selbst − dem Schöpfer − und leben aus voller Kraft.

Die Zeit, als Menschen aus Leiderfahrungen und eigenen Fehlern lernten, weil sie erst langsam erwachen mußten, ist Vergangenheit. Wir haben Frieden − jeder in sich und daher auch untereinander. Wir sind zurückgekehrt von unserer langen Abenteuerreise, die uns häufig in scheinbar ausweglose Situationen brachte. Aber jetzt wissen wir, was wir auf diesen Reisen lernten. Heute reisen wir nicht mehr individuell und allein, sondern gemeinsam, geführt von unserem Selbst − dem Schöpfer. Wir wissen jetzt auch, warum er uns schuf. Sein Plan ist, daß wir uns mit ihm an seiner Schöpfung erfreuen, indem wir selbst ständig Neues und Vollkommenes unter seiner Führung schaffen. Jetzt wissen wir, warum wir ohne seine Führung nicht fähig sind, unsere Schöpfungskräfte schöpfungsgerecht zu gebrauchen. Wer aber sich selbst erkannt hat, hat auch den Schöpfer in sich erkannt und wird seine eigenen Ziele nach ihm ausrichten. So wird er glücklich und erfolgreich − auch im Sinne des Schöpfers.

Quellen und weiterführende Literatur

BHAKTIVEDANTA, A. C./PRABHUPADA, S.: Jenseits von Raum und Zeit. BBT Verlag (Bhaktivedanta Book Trust), Hamburg 1973

BHAKTIVEDANTA, A. C./PRABHUPADA, S.: Bhagavad gita wie sie ist. BBT Verlag (Bhaktivedanta Book Trust), Hamburg 1974

CAPRA, F.: Wendezeit. Bausteine für ein neues Weltbild. Scherz, Bern/München/Wien 1983

CAPRA, F.: Das Tao der Physik. Die Konvergenz von westlicher Wissenschaft und östlicher Philosophie. Scherz, Bern/München/Wien 1984

FERGUSON, M.: Geist und Evolution. Walter Verlag, Olten 1981

FISHER, M.: Intuition. Das Geheimnis, in jeder Situation das Richtige zu tun. Moderne Verlagsgesellschaft, München 1986

HARMAN, W./RHEINGOLD, H.: Die Kunst, kreativ zu sein. Die hohe Schule der Kreativität. Scherz, Bern/München/Wien 1987

HERBST, M.: Positiv managen. Verlag Wirtschaft, Recht und Steuern, Planegg/München 1987

HICKMAN, C. R./SILVA, M. A.: Der Weg zu Spitzenleistungen. Goldmann, München 1986

KAKUSKA, R. (Hrsg.): Andere Wirklichkeiten. Goldmann, München 1986

MALTZ, M.: Erfolg kommt nicht von ungefähr. Psychokybernetik. Econ, Düsseldorf/Wien 1962

MATURANA, H. R./VARELA, F. J.: Der Baum der Erkenntnis. Scherz, Bern/München/Wien 1987

MUKTANANDA, S.: Der Weg und sein Ziel. Knaur, München 1987

MULLER, R.: Die Neuerschaffung der Welt. Goldmann, München 1985

PETERS, T. J./WATERMAN, R. H.: Auf der Suche nach Spitzenleistungen. Was man von den bestgeführten US-Unternehmen lernen kann. Moderne Verlagsgesellschaft, München 1990

REICHAU, T.: *Die Mystik von gestern ist die Physik von heute.* in: Bio, Ausgabe Mai/Juni 1987, S. 70

ROBERTS, J.: Gespräche mit Seth. Von der ewigen Gültigkeit der Seele. Ariston, Genf 1980

ROBERTS, J.: Die Natur der Psyche. Ihr menschlicher Ausdruck in Kreativität, Liebe, Sexualität. Ariston, Genf 1981

ROBERTS, J.: Die Natur der persönlichen Realität. Ein neues Bewußtsein als Quelle der Kreativität. Ein Seth-Buch. Ariston, Genf 1985

ROBERTS, J.: Das Seth-Material. Ein Standardwerk esoterischen Wissens. Ariston, Genf 1986

ROWAN, R.: Der Heureka-Effekt. Der intuitive Manager und sein Erfolg. Econ, Düsseldorf/Wien/New York 1987

SCHMEDES, St. A.: Ausgewählte Kostbarkeiten. Der Freude – Der Liebe – Der Zuversicht. Schmedes Verlag, Hannover 1983

SCHMEDES, St. A.: Gedanken. Schmedes Verlag, Hannover 1984

SCHMIDT, K. O.: Neue Lebensschule. Baum Verlag, Pfullingen/Württ. 1965

TULKU, T.: Raum, Zeit und Erkenntnis. Rowohlt, Reinbek 1986

WATERS, T. A.: Unser Überbewußtsein. Neue psychische und geistige Möglichkeiten entdecken. Moderne Verlagsgesellschaft, München 1986

ZUKAV, G.: Die tanzenden Wu Li Meister. Rowohlt, Reinbek 1985

Lebenskunst
im Taschenbuch

Fordern Sie bitte per Coupon unser
aktuelles Gesamtverzeichnis an:

Moderne Verlagsgesellschaft
Nibelungenstraße 84
8000 München 19